da alegria no leste europeu e na europa ocidental

e outros ensaios

Impresso no Brasil, julho de 2013
Título original: *Despre bucurie în Est și Vest și alte eseuri*
Copyright © Humanitas, 2006

Os direitos desta edição pertencem a
É Realizações Editora, Livraria e Distribuidora Ltda.
Caixa Postal 45321 – Cep 04010-970 – São Paulo SP
Telefax (5511) 5572- 5363
e@erealizacoes.com.br – www.erealizacoes.com.br

Editor
Edson Manoel de Oliveira Filho

Gerente editorial
Sonnini Ruiz

Produção editorial
William C. Cruz

Preparação
Renata Truyts

Revisão
Carla Montagner

Cotejo com original
Cristina Nicoleta Mănescu

Capa e projeto gráfico
Mauricio Nisi Gonçalves / Estúdio É

Diagramação
André Cavalcante Gimenez / Estúdio É

Pré-impressão e impressão
Mundial Gráfica

Reservados todos os direitos desta obra.
Proibida toda e qualquer reprodução desta edição por qualquer meio ou forma, seja ela eletrônica ou mecânica, fotocópia, gravação ou qualquer outro meio de reprodução, sem permissão expressa do editor.

da alegria no leste europeu e na europa ocidental

e outros ensaios

andrei pleşu

Tradução de Elpídio Mário Dantas Fonseca

Sobre o autor

ANDREI PLEŞU nasceu em 23 de agosto de 1948, em Bucareste. Formou-se na Faculdade de Artes Plásticas, no Departamento de História e Teoria da Arte. Doutorou-se em História da Arte na Universidade de Bucareste, com a tese *O Sentimento da Natureza na Cultura Europeia*. Foi lente universitário na Academia de Artes Plásticas de Bucareste (cursos de história e crítica de arte moderna romena) (1980-1982). Atuou como professor universitário de filosofia das religiões na Faculdade de Filosofia da Universidade de Bucareste (1991-1997). Fundou e dirigiu o semanário de cultura *Dilema* (1993). Foi fundador e presidente da Fundação "Noua Europă" [Nova Europa] e reitor do Colégio "Noua Europă" (1994). Foi membro da World Academy of Art and Science (1997) e da Académie Internationale de Philosophie de l'Art, Genebra, Suíça (1999). Recebeu o título de *Dr. phil. honoris causa* da Universidade Albert Ludwig de Freiburg im Breisgau, Alemanha (2000), e da

Universidade Humboldt de Berlim, Alemanha (2001). Foi Commandeur des Arts et des Lettres, Paris, França (1990). Recebeu o New Europe Prize for Higher Education and Research em Berlim, conferido pelo Center for Advanced Study in the Behavioral Sciences, Stanford, Institute for Advanced Study, Princeton, National Humanities Center, Research Triangle Park, North Carolina; Netherlands Institute for Advanced Study in the Humanities and Social Sciences (NIAS), Wassenaar; Swedish Collegium for Advanced Study in the Social Sciences (SCASSS), Uppsala e Wissenschaftskolleg zu Berlin (1993). Recebeu o prêmio da Academia Brandenburguesa de Ciências de Berlim, Alemanha (1996). Ordem nacional da Legião da Honra da França (em março, no grau de Commandeur e, em dezembro, no grau de Grand Officier) (1999); Prêmio Corvinus da Academia Húngara de Ciência (1999); Ordem Nacional "Serviço de fiel" no grau de Grande Cruz (2000); Prêmio da Europa Central do Ministério Austríaco de Pesquisa (Viena, 2002); o Prêmio Joseph Bach, oferecido pela Fundação Alfred Toepfen (2002), etc.

ESCRITOS: *Călătorie în Lumea Formelor. Eseuri de Istorie și Teorie a Artei* [Viagem no Mundo das Formas: Ensaios de História e Teoria da Arte]. Bucareste, Meridiane, 1974; *Pitoresc și Melancolie. O Analiză a Sentimentului Naturii în Cultura Europeană* [Pitoresco e Melancolia: Uma Análise do Sentimento da Natureza na Cultura

Europeia]. Bucareste, Univers, 1980; edições Humanitas, 1992, 2003; *Francesco Guardi*. Bucareste, Meridiane, 1981; *Ochiul și Lucrurile (Eseuri)* [O Olho e as Coisas (Ensaios)]. Bucareste, Meridiane, 1986; *Minima Moralia: Elemente Pentru o Etică a Intervalului* [O Mínimo Moral: Elementos para uma Ética do Intervalo]. Bucareste, Cartea Românească, 1988; edições Humanitas, 1994, 2002, 2006, 2008 (trad. francesa: Paris, L'Herne, 1990; alemã: Deuticke, 1992; sueca: Ludvika, Dualis, 1995; magiar: Cluj, Tinivár, 2000; juntamente com fragmentos da *Limba Păsărilor* [Língua dos pássaros]. Pécs, Jelenkor Kiadó, 2000; eslovaca: Bratislava, Kalligram, 2001; *Jurnalul de la Tescani* [O Diário de Tescani]. Bucareste, Humanitas, 1993, 1996, 2003, 2005, 2007 (trad. alemã: Stuttgart, Tertium, 1999; magiar: Budapeste, Koinónia, 2000); *Limba Păsărilor* [A Língua dos Pássaros]. Bucareste, Humanitas, 1994, 2000; *Chipuri și Măști ale Tranziției* [Rostos e Máscaras da Transição]. Bucareste, Humanitas, 1996; Eliten – Ost und West [Elites – Leste e Oeste]. Berlim-Nova York, Walter de Gruyter, 2001; *Despre Îngeri* [Dos Anjos]. Bucareste, Humanitas, 2003; reedição Humanitas, 2004, 2005, 2006, 2007, 2008; Obscenitatea Publică [A Obscenidade Pública]. Bucareste, Humanitas, 2004, 2007; *Despre Bucurie în Est și în Vest și Alte Eseuri* [Da Alegria no Leste Europeu e na Europa Ocidental e Outros Ensaios]. Bucareste, Humanitas, 2006, 2007; assim como numerosos estudos e artigos em revistas romenas e estrangeiras.

Sumário

Apresentação do editor 11

Nota de esclarecimento 17

1. Da alegria no Leste Europeu e na
Europa Ocidental 19

2. Das elites no Leste e no Oeste 37

3. Tolerância e o intolerável: crise de um conceito 67

4. As ideologias entre o ridículo e a subversão 99

Apresentação do editor

A voz de um humanista do leste europeu

Pouco a pouco, vai-se desfazendo no Brasil a ideia de que a Romênia é apenas a terra do Conde Drácula. Já são editados e razoavelmente conhecidos por aqui autores como Emil Cioran, Mircea Eliade e Eugène Ionesco. Mais recentemente, Constantin Noica, Lucian Blaga e Nicolae Steinhardt também tiveram obras suas publicadas por essas plagas. Agora, a É Realizações apresenta ao público brasileiro o filósofo, jornalista e ensaísta Andrei Pleșu (leia-se "Pleshu").

Desde a queda do regime comunista, Andrei Pleșu tem se destacado como um dos mais importantes intelectuais romenos e como um eloquente e respeitado comentador da cultura e da política de uma nação em transição. Seus livros já foram publicados em francês, alemão, sueco, húngaro, inglês, entre outras línguas.

O teólogo Mihail Neamțu, numa obra que celebrava o 60º aniversário de Pleșu, identifica fases distintas na vida e obra do autor.[1] Inicialmente, Pleșu se dedica à teoria e história da arte, tendo escrito obras como *Călătorie în Lumea Formelor* [Viagem no Mundo das Formas] e *Pitoresc și Melancolie* [Pitoresco e Melancolia], além de numerosos ensaios. Numa segunda fase, marcada pelo contato com o filósofo Constantin Noica,[2] Pleșu se aproxima cada vez mais da antropologia cultural, da filosofia e dos problemas éticos. A influência de Noica seria decisiva, predispondo Pleșu a assumir uma atitude de resistência estoica quando lhe sobreviessem as adversidades, o que acabou por determinar, por exemplo, sua permanência na Romênia, mesmo quando lhe surgiu a possibilidade de exilar-se no Ocidente. "Para Andrei Pleșu, Constantin Noica foi o catalisador de um *principium individuationis*. O discípulo foi transferido da arena do jornalismo cultural e da reflexão de circunstância para o estádio olímpico dos grandes confrontos, não apenas entre autores imortais e ideias perenes, mas entre sistemas e atitudes perante a vida."[3] Em 1988, Andrei Pleșu publicou *Minima*

---

[1] Mihail Neamțu, "The Seasons of Life and the Practice of Wisdom". In: Mihail Neamțu e Bogdan Tătaru-Cazaban, *Memory, Humanity, and Meaning: Selected Essays in Honor of Andrei Pleșu's Sixtieth Anniversary Offered by New Europe College Alumni & Friends.* Bucharest, Zeta Books, 2009.
[2] Constantin Noica é considerado um dos maiores filósofos romenos do século XX. Traduziu para o romeno clássicos da filsofia ocidental e exerceu intensa atividade pedagógica naquela que viria a ser conhecida como "a escola de Paltiniș".
[3] Mihail Neamțu, op. cit., p. 29.

Moralia [O Mínimo Moral: Elementos para uma Ética do Intervalo], obra que trata da relação entre a alma e a ética absoluta, mas que também, com frequência, aborda a condição moral dos intelectuais romenos. Paralelamente a sua reflexão ética e seu engajamento político, a vida de Pleşu também é marcada pela meditação teológica.

Ao lado de suas realizações intelectuais, também merecem destaque sua participação na política romena – foi ministro da Cultura (1990-1991) e ministro das Relações Exteriores (1997-1999) – e seus empreendimentos educacionais – em 1994 fundou o New Europe College, uma instituição educacional cujo objetivo era, em suas próprias palavras, "normalizar a vida intelectual romena".

Nos textos que compõem este volume, ouve-se a voz de um humanista. Andrei Pleşu – ao mesmo tempo esteta, filósofo, educador e homem de ação – narra ao Ocidente as agruras da vida sob o regime comunista. Mas não se engane o leitor: não se trata de mais um daqueles livros que exigem estômago forte. Com humor tipicamente romeno, o autor fala sobre a alegria de saber que "No armazém da esquina há azeitonas! E não há fila!"; conta como era surpreendente saber que, no Ocidente, "se pedires uma cerveja, trazem-te uma cerveja"; e explica que a diferença entre a alegria do Leste Europeu e a da Europa Ocidental se encontra naquilo que é tomado como natural, como pressuposto.

Os temas abordados aqui não são mera curiosidade cultural; antes, revelam preocupações que assolam também a nós. Quando trata das elites, do conceito de tolerância, ou mesmo do que está em jogo nas discussões ideológicas, Pleşu revela como muitos de nossos conceitos estão obscurecidos por um vocabulário que parece familiar, mas que, em última instância, é uma espécie de obstáculo à compreensão da realidade mesma.

É difícil determinar se este livro é crônica do cotidiano, ensaio de psicologia social, discussão filosófica ou sociologia do mundo contemporâneo. Que essa leitura nos seja um convite à constituição de um "homem completo" e de uma "sociedade saudável".

> *Um homem completo e uma sociedade saudável têm necessidade ao mesmo tempo dos benefícios da subsistência e da reflexão; de meias e de sonhos; do pão diário e de utopias.* No Leste Europeu, faltam-nos, por ora, assim uns como os outros. E não podemos aceitar que o quinhão da geração atual seja o de "vivere", ficando a filosofia para ser financiada mais tarde... [...] Os homens não ficam mais pobres se, de vez em quando, consentem em dar de comer aos Serafins... (Andrei Pleşu)

Acerca desta edição

Dado o caráter oral dos textos, Andrei Pleşu menciona autores e estudos, mas não apresenta as referências completas. Nos limites de nossa capacidade, procuramos fornecer ao leitor brasileiro essas informações, a fim de facilitar ao estudioso o aprofundamento nos assuntos tratados, bem como a identificação das fontes do autor. Sempre que possível, além da referência ao estudo original, citamos também a edição brasileira da obra mencionada. Essas informações estão em notas de rodapé assinaladas como nota do editor (N. E.). As notas do tradutor são identificadas como (N. T.), e as notas da edição original estão assinaladas como (N. E. Romeno).

Se, para os leitores romenos, o autor julgou necessário justificar que certas "passagens explicativas" lhes seriam desnecessárias, para nós, no entanto, acontece exatamente o contrário: é justamente esse didatismo da obra que permite que compreendamos, ao menos de maneira geral, o quadro descrito. Trata-se de um livro surpreendente. Um convite a voltar os olhos para a realidade, para além dos esquematismos ideológicos de todos os matizes.

Nota de esclarecimento

Os quatro textos que seguem, embora subintitulados "ensaios", são, na verdade, quatro conferências públicas, proferidas por solicitação de algumas instituições estrangeiras. Faço este esclarecimento para ajudar o leitor a entender corretamente a construção estilística deles. Não se trata de estudos aprofundados, mas de exposições destinadas a um grande público, nem sempre homogêneo e nem sempre bem informado quanto às realidades da Europa Oriental. Daí, algumas passagens explicativas que, para o público romeno, não teriam sido necessárias. De outra parte, porque os temas discutidos foram, sem exceção, por mim escolhidos, são representativos de uma problemática e de uma atitude intelectual que antes refletem "as obsessões" do autor do que o programa das instituições que os encomendaram. Devo ainda dizer que o texto de uma das conferências – o da tolerância – foi retomado no país, no começo de 2005, na série de conferências organizadas pelo semanário *Cuvântul* [A Palavra].

1
Da alegria no Leste Europeu e na Europa Ocidental

É provável que vos lembrais das imagens da revolução romena de dezembro de 1989, assim como apareceram nos canais de televisão de todo o mundo. Tinha sido, assim diziam, a primeira revolução "ao vivo": de helicóptero, um ditador fugia do prédio do governo, as estradas estavam cheias de tanques, de soldados desorientados e de civis exaltados. Atirava-se de todas as partes. A euforia ainda não podia distinguir-se do terror, a esperança associava-se ao luto. Posteriormente, analistas de todos os tipos, da Romênia e do estrangeiro, procuraram e encontraram argumentos para relativizar a dimensão revolucionária daqueles dias. Contaram-se os mortos, e estabeleceu-se que não foram suficientes, identificaram-se cenários conspiracionistas complicados, falou-se de um golpe de estado comunista, de uma sutil manobra soviética, ou americana, ou sovieto-americana, ou, como não, judeo-maçônica. A Romênia parecia ter cometido um embuste de grandes proporções: organizara algo que se parecia com uma revolução, mas que, na realidade, deixara intocadas as estruturas da ditadura. Era, pois, o grande fiasco, a exceção, a ovelha negra do estado europeu. Com o passar do tempo, apaziguaram-se as suspeições, a ovelha se tornou comestível, foi convidada a aderir à Otan e lhe foi prometido o grande pasto europeu. "Os acontecimentos" de dezembro de 1989 foram reinvestidos com o título de "revolução".

Mas acerca desta grandiosa evolução histórica não quero falar-vos. Minhas lembranças da revolução de Bucareste são mais modestas: recordo-me de fato diverso, de medos concretos, de detalhes mais ou menos significativos. Por exemplo, o primeiro grito de vitória que ouvi, a primeira alegria articulada, atestando a mudança radical dos tempos, veio da parte de uma vizinha boa gente, sem nenhum tipo de apetência revolucionária. Ela entrou impetuosa no quintal, passando, heroica, por entre balas, e proclamou, em benefício de todo o bairro: "No armazém da esquina há azeitonas! E não há fila!". Senti imediatamente o aroma do futuro. Senti que estávamos no limiar de uma mudança decisiva: doravante vamos ter azeitonas. E vamos poder comprá-las em qualquer quantidade, sem sequer ficarmos na fila. Do meu ponto de vista, era uma realização suficiente para justificar uma revolução...

A alegria de minha vizinha sortuda era, ao mesmo tempo, um eco do passado e uma profecia. Era um tipo de alegria que apenas a austeridade econômica de uma ditadura podia explicar e que, em pouco tempo, começaria a desaparecer. Atingimos, assim, um primeiro degrau da distinção entre o Leste Europeu comunista e a Europa Ocidental livre, em matéria de alegria: o oriental sentia a aquisição de azeitonas como uma alegria, ao passo que o ocidental que compra azeitonas não sente nada. Em outras palavras, o que para um é uma circunstância banal, subentendida, para o outro era um acontecimento, uma chance eletrizante, uma festividade. Para o oriental, "o subentendido" do ocidental era – e ainda é – uma utopia. A observação merece alguma atenção porque, segundo entendo, um dos motivos pelos quais o Leste Europeu e a Europa Ocidental não se entendem algumas vezes é o fato de que eles não se "subentendem", de que têm experiências diferentes acerca do que é, na vida diária, "óbvio". A "normalidade" da Europa Ocidental consta de uma lista extensa de "obviedades": é óbvio encontrares de comer; teres aquecimento em casa quando está frio lá fora; teres, sem interrupção, energia elétrica; passar o ônibus no horário; teres passaporte; encontrares-te com quem quiseres; creres no que quiseres; escreveres e publicares o que quiseres. É óbvio xingares o governo, vaiares as forças de ordem, veres filmes do mundo inteiro, leres qualquer autor, usares ou não barba e cabelos longos; teres quantos filhos quiseres; teres, em geral, direitos individuais que as instituições têm de respeitar. Nada disso era óbvio para o cidadão de um país comunista. Daí, quando, por acaso, por exceção ou pela magnanimidade arbitrária do poder, um ou outro dos pontos da lista acima era contraditado pela realidade, quando tinhas aquecimento, ou luz, ou passaporte, ou azeitonas, quando publicavam algum livro teu, ou não esperavas o ônibus por mais de meia hora, tinhas todos os motivos para te alegrares. O improvável tornava-se possível. O mínimo adquiria proporções solenes.

Alegrias mínimas

Saborear plenamente as alegrias mínimas – eis uma das experiências irredutíveis da alegria no Leste Europeu antes de 1989. As alegrias mínimas não devem ser confundidas com "as alegrias simples". Uma coisa é te alegrares com um pedaço de pão quente e com um copo de vinho virando as costas ao restaurante requintado das redondezas; outra é te alegrares pura e simplesmente por teres pão e vinho. Diria que à Europa Ocidental eram acessíveis, em medida maior do que a nossa, as alegrias simples. Nós estávamos na situação de nos alegrarmos com as alegrias mínimas. O regime totalitário não nos pôde tirar as grandes alegrias, as alegrias em que qualquer homem tem parte, indiferente da condição em que vive: a alegria do amor, da amizade, da criatividade. Mas, obrigando-nos a nos concentrar em alegrias mínimas, nos enviuvou das alegrias simples. Era-nos proibido em primeiro lugar não o luxo, mas o natural, o viver tranquilo, a nobreza calma do humano. Tenho de acrescentar que um dos efeitos paradoxais da penúria era a monumentalização das alegrias mínimas. A alegria da aquisição clandestina, da mobilização sobre-humana para a obtenção de uma mesa boa chegara a ser um verdadeiro esporte nacional. Uma das formas de resistência à ditadura era "a resistência pela comida". Sabotamos o furor comunista de austeridade por um esforço gigantesco, organizado e solidário, cujo resultado foi a constituição de um mercado negro de alimentos, amplo e eficiente. Procurar, laboriosamente, o necessário, espreitar o momento (e o local) da distribuição fulgurante das mercadorias (de azeitonas, por exemplo), conservar o ritual doméstico da mesa e dos feriados, oferecer ao hóspede estrangeiro um almoço suficientemente bom que ele não mais entendesse nada do discurso acerca da pobreza do anfitrião – todas essas coisas (além das filas intermináveis e fervendo de subversão) foram formas de resistência muito mais disseminadas do que se crê. Na Romênia, onde ter uma máquina de escrever passava a ser uma infração potencial, não existiu se não uma única clandestinidade: a clandestinidade da alimentação.

A diferença entre as duas metades da Europa tinha, para o bem-aventurado a quem acontecia de viajar para a Europa Ocidental, conotações cômicas inevitáveis. Nos meus primeiros contatos com o mercado "capitalista", suscitei a perplexidade de muitos comerciantes, fazendo perguntas ininteligíveis para o modo de vida deles. Entrava, por exemplo, numa padaria e perguntava: "O senhor tem pão?'". Num primeiro momento, o interrogado emudecia. Eu brincava? Era idiota? Era uma pegadinha? "Claro que temos pão! Que outra coisa o senhor crê que vendemos?" O homem não tinha como saber que, nos limites da minha experiência, a existência de pão numa padaria não era de maneira alguma óbvia. Quando perguntei a um amigo que conseguira fugir do país e se estabelecera em Paris o que exatamente mais o impressionava do cotidiano ocidental, respondeu-me sem pestanejar: "A coisa mais enlouquecedora é que se entrares numa cervejaria e pedires uma cerveja, trazem-te uma cerveja!". De certa maneira, para nós a falta se tornara tão costumeira quanto o ar que respiramos. E, juntamente com ela, a capacidade de nos alegrarmos com um quase nada. De fato, termináramos por não mais perceber o catastrófico da falta. Lembro-me de que, em fevereiro de 1992, convidado por alguns meses ao Wissenschaftskolleg de Berlim, verifiquei, quando desfazia as bagagens num apartamento muito agradável de Grunewald, que não havia luz. Era meio-dia e fiz minhas coisas, não incomodado, esquecendo o incidente. Depois de duas horas tudo reentrou, de algum modo, na normalidade. Em Bucareste, a luz se interrompia com frequência, principalmente de noite, quando era absolutamente necessária. Mas em Berlim o acontecimento provocou uma crise política aguda. A pane da eletricidade desorganizara tudo: as televisões passaram quase pela falência, as mamães já não podiam esquentar a tempo o leite para os filhos, os pratos semiprontos do refrigerador tinham derretido, a água quente acabara e assim por diante. Quase que cai o governo. Meu velho professor de filosofia de minha terra, afinal, tinha razão:

> Vais ver: o fim do mundo civilizado não surgirá depois de uma infelicidade de grandes proporções; tudo vai partir de uma bagatela, de uma comodidade corrente, suspensa de maneira brusca. Vai desaparecer, por três dias, água mineral, ou papel higiênico, ou gasolina sem chumbo. E todos para quem essas coisas fazem parte do necessário subentendido vão terminar, desadaptados, num marasmo físico e psíquico. Não o grande apocalipse será a conclusão, mas um pequeno apocalipse, levemente ridículo, mas fatal...

No advento de um "grande apocalipse" eventual, a Europa Ocidental será o que, com a fantástica tecnologia de que dispõe, com seus extraordinários especialistas, com seus meios financeiros, poderá salvar a humanidade. Mas se o que nos ameaça é um pequeno apocalipse, conta com a Europa Central e do Leste! Vamos ensinar-vos, rapidamente, a técnica de viver com pouco, de valorizar o *Ersatz*, de saborear o nada.

Alegrias negativas

Ao lado das alegrias mínimas, o cidadão do Leste tinha parte também numa grande quantidade de alegrias "negativas". As alegrias mínimas são a euforia do estritamente necessário. As alegrias negativas derivam não da satisfação de ter uma experiência agradável, mas da de não ter uma experiência ruim. As alegrias negativas exprimem-se perfeitamente no sintagma "poderia ter sido ainda pior". Elas sobrevêm no horizonte de uma expectativa sombria e derivam da não realização dessa expectativa. Evidentemente, nem à Europa Ocidental são estranhas tais alegrias. Elas são, no fundo, as alegrias gerais humanas: alegria de não ser doente, alegria de não perder o emprego, alegria de não morar com a sogra, etc. Como, todavia, a "normalidade" do ocidental era diferente da do oriental, as alegrias negativas deste último tinham uma cor específica. O ocidental alegra-se de não acontecer nada "anormal". O oriental alegra-se quando é poupado da "normalidade" da ditadura: alegra-se de não ter sido muito censurado um livro publicado por uma editora, de não lhe derrubarem a igreja ou a casa, de não ter sido dedurado à Securitate, ou que, embora dedurado, não era (ainda) apenado, interrogado ou preso, etc. O ocidental alegra-se quando não se produz a anomalia do mal; o oriental alegrava-se quando se produzia a "anomalia" do bem. Em outras palavras, a alegria negativa do oriental era mais intensa e, para dizermos assim, mais "positiva": a alegria de escapar sem censura ou inocente era mais aguda e mais "atual" do que, digamos, a alegria de ser saudável que, enquanto não aparece a doença, é, em geral, relativamente pálida.

Alegrias proibidas

Lembremo-nos de uma terceira categoria de alegrias, ressentidas diferentemente nesses dois mundos europeus: as alegrias proibidas. Resumindo, na Europa Ocidental, a proibição, como expressão de uma moralidade unanimemente aceita, é legítima, o que faz que a transgressão dela seja maléfica. No Leste Europeu, a proibição era ilegítima, de maneira que a transgressão dela era um ato de coragem moral, uma forma pura de júbilo espiritual. Ler escondido um grande autor proibido, ter uma vida religiosa, escutar a "Europa Livre", hospedar amigos do estrangeiro, fazer piadas à custa do governo totalitário, não declarar na polícia que tens uma máquina de escrever — eram tantas vitórias quantos pontos ganhos contra o abuso ditatorial. As alegrias proibidas são alegrias perigosas. O prazer é dobrado pela palpitação do risco. Até mesmo algumas alegrias que — em condições normais — são ilegítimas, por exemplo, a alegria de enganar o Estado, chegando até ao furto ao Estado, ganhavam, no contexto comunista, uma estranha legitimidade: eram um ato de sabotagem, uma maneira de pegar de volta o que o regime te confiscara de modo arbitrário quando chegou ao poder. O "Estado" era, no fundo, o Partido, ou seja, o inimigo. Penso, algumas vezes, que a explosão irresponsável da corrupção de alguns países da Europa Oriental de hoje é a sobrevivência inercial desta mentalidade, o que, naturalmente, não desculpa nada, embora possa explicar muitas coisas... Ao lado da "positivação" ideológica do furto, posso mencionar também a positivação ideológica do vício. Estava na Polônia, em 1981, quando se instaurou o "estado de urgência". Depois de certa hora, era proibido saíres de casa e te manifestares com barulho. A vodca tinha preços proibitivos, isso em caso de poder achar-se. Estando no ateliê de um pintor, ouvi, de repente, no começo da rua, interjeições joviais de um bêbado. Minha hospedeira apressou-se em observar, meio jocosa, meio séria: estar bêbado, a esta hora, nas ruas de Varsóvia já não é um vício, mas uma forma alegre de dissidência.

À procura de alegrias comuns

Poderia dizer que a alegria tinha, na Europa Ocidental, outro regime temporal do que a do Leste Europeu. À Europa ocidental aplica-se a definição cartesiana de alegria: "Contemplação de um bem presente".[1] Mas, no Leste Europeu, exatamente o presente, o imediato, era falto de conotação de alegria. A única espécie de alegria associável frequentemente ao presente eram as já mencionadas alegrias negativas: um mal antecipado como provável tardava a acontecer. Falando psicologicamente, as alegrias negativas implicam também elas uma superposição de

---

[1] René Descartes, *Les Passions de l'âme*, II, 61, 93. [Em português: *As Paixões da Alma*. Trad. Rosemary Costhek Abílio. São Paulo, Martins Fontes, 1998. (N. E.)]

tempos. Elas referem-se a uma expectativa (portanto a uma projeção antecipatória de um futuro) combinada com uma experiência negativa passada. Esperas que, agora e no futuro, a reiteração – confirmada pelo passado – do mal se torne presente. Alegras-te, em seguida, que o mal de que estavas certo não acontece, ou que acontece um bem de que duvidavas. Estamos, com estas nuances, mais próximos de Spinoza do que de Descartes. Na sua *Ética*,[2] Spinoza define a alegria (*gaudium*) como satisfação nascida da imaginação de algo passado que aconteceu a despeito de nossas dúvidas (*de cuius eventu dubitavimus*). No Leste Europeu, Spinoza continua a ser válido. Alegramo-nos ainda da enorme mudança sobrevinda em 1989, embora ninguém a cresse possível. E sofremos ainda de uma experiência ruim de temporalidade. O passado imediato é lúgubre, o presente é difícil e o futuro incerto. Deves reconhecer que, em tais condições, não é fácil manteres a boa disposição... Não temos mais as alegrias paradoxais, ao mesmo tempo torturantes e exaltantes, que o universo ditatorial provoca, mas tampouco temos nem as vossas alegrias. O que se chama "período de transição" é, entre outros, um período de crise de alegria. Somos expostos ou a nostalgias estéreis, ou a esperanças infundadas. A impaciência de sincronização com a Europa Ocidental nao trouxe, por enquanto, senão o apetite pelo consumo

---

[2] Baruch Spinoza, *Ethica,* parte III, proposição XVIII, escólio II. [Edição brasileira: *Ética.* Trad. Tomaz Tadeu. Belo Horizonte, Autêntica, 2009. (N. E.)]

barato, o prazer menor (ou diretamente trivial), as alegrias acidentais e irrisórias.

Não apenas não podemos ter ainda as vossas alegrias, como também não estamos preparados, sempre, para entendê-las. Permiti-me que dê um exemplo. À ideologia comunista – incapaz de garantir um nível de vida decente (para não falarmos de bem-estar) e preocupada antes em comprometer, pelo terror, a alegria de viver – lhe era muito cara a temática da felicidade e a rítmica da marcha vitoriosa. Em outras palavras, a alegria era, ao mesmo tempo, impossível e obrigatória. Quanto mais obrigatória, tanto mais impossível. Os autores melancólicos eram punidos drasticamente, o proletário tinha de crer num futuro luminoso, a arte tinha de ser tônica, mobilizadora, euforizante. Até as tragédias tinham de ser otimistas. De vez em quando, no dia nacional ou no 1º de Maio, organizavam-se grandes desfiles entusiastas, para exprimir a felicidade geral: alunos saltavam, correndo para cá e para lá em percursos fixos, trabalhadores contavam o crescimento utópico da produção, a armada ostentava a dotação necessária para a luta pela paz. Ao lado de esportistas, guardas e tratoristas, todos os "operários" tinham de participar desta gigantesca manifestação popular, carregando lemas de vitória, bandeiras e retratos dos governantes. Para todo o mundo, as únicas alegrias reais ocasionadas por tais passeatas eram os efeitos "colaterais" delas: as pessoas eram dispensadas do serviço, e, bruscamente, encontravam-se salsichas e cerveja. No mais, a histeria coletivista, a retórica propagandista e a cenografia triunfalista não faziam senão intensificar o marasmo geral. No comunismo, as alegrias comunitárias eram abomináveis, porque eram impostas e mentirosas. Em contraste, a vida interior, os valores individuais e a convivência do pequeno grupo de amigos ganhavam uma importância especial. O universo privado era o único capaz de assegurar a sobrevivência do espiritual e intelectual. A alegria ligava-se, portanto, mais à concentração do que à expansão, o que não corresponde ao metabolismo habitual de uma emoção positiva. "A alegria" – dizia Santo Agostinho – "é a expansão da alma (*diffusio animi*), ao passo que a tristeza é a sua contração". Está bem, o comunismo e as ditaduras em geral conseguem transtornar as coisas. Produzem alegrias de contração, de redução voluntária, de restrição. Exagerando um pouco, diria que, nos regimes ditatoriais, a alegria tem algo do metabolismo do sofrimento: é amarga, estrangulada, adstringente. Não por acaso, o diário de detenção de um grande intelectual hebreu da Romênia, Nicolae Steinhardt, intitula-se *O Diário da Felicidade*.[3] Uma maneira de dizer que o desastre da prisão não é incompatível com a alegria interior, mas também que a alegria do prisioneiro é inevitavelmente contaminada pela atmosfera concentracionária.

---

[3] Nicolae Steinhardt, *O Diário da Felicidade*. Trad. Elpídio Mário Dantas Fonseca. São Paulo, É Realizações, 2009. (N. E.)

Marcado por esse tipo de experiência, o oriental não está preparado para entender a simpatia unânime existente, na Europa Ocidental, por movimentos de rua para as grandes passeatas públicas, destinadas a exprimir o protesto, a solidariedade ou, pura e simplesmente, a alegria comunitária. O civismo, nesta variante, lhe parece facilmente carnavalesco. Acostumado com desfiles impostos, e educados, sob ameaça, a abster-se do protesto coletivo, o cidadão do Leste Europeu não entende como podem as pessoas organizar, de boamente, "marchas de Páscoa" patrocinadas por emblemas de Che Guevara, em vez de a passarem tranquilamente com alguns amigos, nem qual é o propósito de protestos barulhentos de rua, quando os protestadores não arriscam nada e tudo é, de fato, uma ocasião de divertimento, de "socialização" coquete. Entendemos, seguramente, que os homens têm necessidade de exprimir-se, que queiram comportar-se responsavelmente e demonstrar sua lucidez cívica, o engajamento, o sentido político. Mas a aposta nos parece pequena e as formas de manifestação, candidamente juvenis. Além disso, perturba-nos verificar que centenas de milhares de pessoas se mobilizam, em todo o globo, para condenar a guerra do Irã, mas que, contra alguns ditadores sanguinários do tipo Kim Jon Il, Ceauşescu, Saddam Hussein, Gadafi ou Fidel Castro, nunca surgiram movimentos de tal envergadura. Steven Spielberg declarou há pouco que as oito horas passadas com o longevo ditador cubano foram as mais belas oito horas de sua vida. Eis uma alegria que permanece recusada às pessoas do Leste Europeu. Não estamos ainda preparados para nos alegrarmos com Fidel Castro, invocarmos, piedosos, a Mao, fazermos amizade, em nome do direito internacional, com o governo russo, mesmo que não existisse a Chechênia.

Diz-se que, em alguns pontos de vista, fazemos graça com o que levais a sério, e levamos a sério aquilo com que fazeis graça. Para chegar a um denominador comum, seria necessário que tanto vós quanto nós tivéssemos mais humor. No que nos diz respeito, temos certo treinamento, porque, sob a ditadura, o humor era frequentemente uma fonte de alegria compensatória, uma solução de sobrevivência. Mas era um humor de "fermentação", um humor sem grande ligação com a alegria. Um tipo de riso a despeito do fundo falto de qualquer divertimento da ideologia totalitária. Peter Berger, um sociólogo que mora em Boston, mas nascido em Viena, falava, num dado momento, da "terrível falta de humor das ideologias revolucionárias de nosso tempo". Não existem ditadores com humor. E o único meio de não te deixar embrutecer pelo embrutecimento sombrio, cru, dos "revolucionários de profissão" é exatamente o humor. O que temos, todavia, de aprender agora é o humor distendido, solar, dos homens livres, um humor cuja motivação não é, em primeiro lugar, defensiva, impotente, mas uma saudável boa disposição.

A unificação europeia vai significar, entre outras coisas, também uma unificação de nossas alegrias, uma harmonização da experiência da alegria da Europa Ocidental com a experiência de alegria do Leste Europeu. Vamos aprender a nos alegrar com as mesmas coisas e, principalmente, vamos aprender a nos alegrar uns com os outros. Deveis saber que, antes de 1989, admirei sem inveja o estilo de vida ocidental. "A alegria alheia" - diz algures Balzac – "pode ser uma fonte de alegria para os que não podem ser felizes". E agora mesmo, alegramo-nos mais por vós do que vos alegrais por nós... Creio, no entanto, que temos um fundamento comum para reconstruir uma alegria comungada por ambos os acampamentos. Temos por refazer a unidade europeia, que o desastre da Segunda Guerra Mundial desmoronou. Temos por erguer uma casa em que convivamos depois do grande incêndio de Yalta. Mas a reconstrução, por mais difícil que seja, é uma das maiores alegrias do homem. Isso diz, de qualquer modo, uma historieta chassídica, reproduzida por Martin Buber: "O que se alegra com a verdade é semelhante a alguém cuja casa se incendiou e que, ferido pelo dissabor no fundo do coração, começa, no entanto, a construir uma nova casa. E para cada tijolo novo assentado, o coração dele se enche de alegria".

Conferência dada na abertura do Festival Internacional de Música Sinfônica de Salzburg, em 25 de julho de 2003.

2
Das elites no Leste e no Oeste

Espero não contrariar muito o espírito das conferências Reuter se, em vez de uma preleção propriamente dita, eu oferecer algo que se parece mais a uma narrativa. Em outras palavras, vou preferir ser épico a analítico, e isso por dois motivos. Primeiro, venho de um país que foi comunista, onde o tema das elites apareceu como uma experiência de vida antes de vir a ser um objeto de reflexão, de pesquisa e de debate acadêmico. As elites foram, entre os romenos, motivo de uma guerra. A pergunta sob a qual vivi depois de 1945 não era "Que são as elites e qual é o papel delas na vida social?", mas "Como se podem liquidar as elites, como se pode limpar o mundo da presença nefasta delas?". Não se procurava um conceito, mas uma estratégia. Ninguém perdia tempo com definições e o curioso é que, embora faltasse uma definição rigorosa, todo o mundo sabia muito bem do que se tratava... O segundo motivo por que escolhi a variante épica vem do modo que vejo, neste momento, o ótimo desdobramento de um diálogo Leste-Oeste. Creio que, depois de 1989, a Europa Oriental tornou-se muito rapidamente um objeto de estudo para a Europa Ocidental. A construção teorética sobreveio *antes* de uma absorção fundamental dos fatos. Foram sistematizados antes de serem ouvidos, antes de serem pesquisados até o fim. Não quero dizer que não existe um inventário que contenha as "realizações" do Leste Europeu e tampouco quero adotar e amplificar a postura de vítima não compreendida. Pretendo, sim, que há ainda muito que acumular no nível da pequena história reveladora, da promiscuidade cotidiana inapreensível. É necessário um Diógenes Laércio cândido e caluniador do Leste Europeu, que ponha novamente à luz a carne da experiência totalitária, prematuramente dissecada pelos analistas políticos, sociólogos, historiadores e economistas de todos os lugares. Em suma, o Leste Europeu não contou a sua própria história na sua inteireza. Eis por que qualquer episódio épico me parece bem-vindo.

Vou começar, todavia, com uma história da Europa Ocidental. Em 1992, eu estava nesta sala, como convidado feliz do reitor. Tinha uma comunicação que fazer acerca de anjos, meu tema de então, suficientemente exótico para provocar simultaneamente a curiosidade e a descrença. Foi inevitável: citei as hierarquias celestes, com aqueles nove degraus enumerados por Dionísio Pseudo-Areopagita: do degrau mais baixo, dos anjos simples, situados imediatamente acima do homem, até o degrau supremo, dos Serafins, com a vizinhança imediata de Deus. Durante as discussões que se seguiram à minha comunicação, um colega muito inteligente de Chicago, com quem, posteriormente, fiz amizade, observou, entre jocoso e sério, que a hierarquia de Dionísio trai uma visão elitista-discriminatória. O próprio termo "hierarquia" assinalaria – por seu rigorismo – a esclerose dos valores dele – a esclerose dos valores, a petrificação deles numa estratificação desigual. É inútil dizer que fui pego de surpresa. Nunca pensara até então em analisar o assentamento hierárquico dos cortejos angélicos como uma expressão de desigualdade, como uma carência do espírito democrático. Parecia-me que, sob o olhar divino, todos os que cumpriam sua função são iguais. Existe, é certo, no mundo criado, um tipo de "divisão de trabalho" que distribui um papel particular a cada um, num ou noutro degrau cósmico. Tal distribuição de papéis não produz, todavia, necessariamente relações de subordinação injusta. O homem, por exemplo, está situado abaixo dos anjos, mas não lhes é necessariamente inferior; ao contrário, pode ser "eine Ueberengelheit",[1] como diz Angelus Silesius, e como tal pode ser-lhe distribuído o papel de centro do universo. Não a desigualdade imposta despoticamente que eu via no conceito de "hierarquia", mas a ordem viva, funcional, assumida de modo livre.

---

[1] Supra-angelicidade (alemão), ou, na tradução de Ioana Pârvulescu, sobre-angelicidade. (N. E. Romeno)

Confrontado com a observação do amigo americano, eu descobria, no entanto, uma sensibilidade – nova para mim – diante do problema das elites. Cresci num meio em que o termo "elite" não tolerava nenhuma acepção negativa. Cria, com uma inocência quase escolar, que ele designava estritamente algo bom, belo, nobre, desejável. Apenas os ativistas do partido comunista eram alérgicos à sua invocação; para eles não existia senão uma única elite aceitável: a contraelite. Ora, eis que, chegando à Europa Ocidental, sugere-se-me – de modo inesperado e de um ponto de vista completamente outro – que algo não está certo com a elite. Que a legitimidade das elites não é... algo óbvio em si. Eu começava a perder a inocência...

Não era todavia nem a primeira nem a última vez que minha experiência de vida sob o comunismo se mostrava inutilizável no "mundo livre". Mesmo quando temos o ar de que falamos a mesma coisa, pensamos, frequentemente, em realidades diversas. Mas muitas vezes não podemos nem sequer dizer a mesma coisa. Entre esses dois mundos acumulou-se uma coleção complicada de dissimetrias que impedem a reunificação ao menos na mesma medida das disfunções econômicas. Permiti-me apresentar, rapidamente, alguns exemplos. Depois de 1989, dois alvos estavam urgentemente diante dos antigos países comunistas: a fundação de um sistema político pluripartidário e a passagem para a economia de mercado. A democracia e o capitalismo. Teoricamente, as nossas aspirações eram faltas de qualquer equívoco. Não era necessário senão passarmos ao trabalho, sob o olhar experto e com a ajuda da Europa Ocidental. Só que a Europa Ocidental já não estava no ponto em que estávamos acostumados a procurá-la. Tal descobrimento não podia não ter, para nós, importantes consequências táticas e estratégicas. O então presidente da Alemanha, Sr. Richard von Weizsäcker, endereçara precisamente aos políticos de seu país uma mensagem corajosa acerca do peso excessivo das lutas de partido na vida pública. O interesse público arriscava-se a ser minado pelos interesses eleitorais. O mecanismo de disputa política entre diferentes formações partidárias torna-se o único conteúdo real da democracia, o que é uma abdicação de seus princípios constitutivos. Talvez devêssemos seguir a imaginação para tatearmos nós mesmos novas formas de funcionamento do mercado político, em que os partidos não tivessem a pregnância soberana de hoje. Nos meios romenos, esse tipo de argumentação criou o estupor. Os espíritos democráticos se indispuseram, criptocomunistas rejubilaram. Tínhamos escolhido um modelo em vias de desaparição. Queríamos adotar um sistema cujos próprios inventores se preparavam para abandonar. É evidente que o Sr. von Weizsäcker não se referia a problemas de países em transição e é descabido aplicarmos na Romênia ideias que tinham sentido apenas num contexto democrático estável. Mas, psicologicamente, é ao menos desconfortável te mobilizares para um escopo cujas fissuras são tão facilmente antecipáveis. Estás no limiar de um casamento e te é anunciado o divórcio. A lucidez não é uma boa premissa para o entusiasmo reformador. É o motivo pelo qual durante muito tempo tive rancor de André Glücksmann, que, vindo a Bucareste em dezembro de 1989, demoliu a nossa euforia revolucionária, dizendo: "Maintenant, ce le bordel qui commence!".[2] Tinha razão. Mas não havia o que fazer com sua razão.

Problemas semelhantes apareceram também em relação à economia de mercado e, em geral, em relação ao modelo capitalista. Estávamos acostumados a ouvir na escola, em horas de aprendizado político, em conferências oficiais ou na mídia de massa, quais são as ineficiências do capitalismo da perspectiva marxista-leninista. Todavia, depois de 1989, já não tínhamos que ver com uma crítica socialista, mas com uma crítica capitalista do capitalismo. O próprio George Soros tem muitas reservas em relação ao funcionamento contemporâneo do mercado financeiro e dos organismos financeiros internacionais. (Ver, entre outros, seu artigo intitulado "The Capitalist Threat" [A Ameaça Capitalista], que apareceu no *The Atlantic Monthly* de fevereiro de 1997). Alguns países hiperdesenvolvidos – como o Japão, por exemplo – não hesitam em praticar ainda um controle centralizado sobre a produção e o comércio, defendem teóricos hábeis (de Galbraith a Adolph Lowe) que demonstram

---

[2] "Agora começa o escândalo"! (fr.). (N. E. Romeno)

que o xeque-mate da planificação não pode ser corrigido pela idolatria do mercado, fala-se de um "fundamentalismo" culpado do liberalismo (John Gray), mas a tese da terceira via, deixando para trás o binômio comunismo/capitalismo (ou, respectivamente, social-democracia/liberalismo), tem, de Anthony Giddens para cá, uma audiência cada vez maior. Não coloco em dúvida, em nenhum momento, a justificação, sutileza e atualidade deste debate abundante. Tudo o que quero dizer é que nós, no Leste Europeu, não estamos preparados para assumi-lo; mais ainda até, julgo que seria arriscado, no momento atual, assumi-lo, substituindo a decisão de agir prontamente pela reflexão acerca de uma problemática sem fundamento na nossa experiência diária. Podem-se multiplicar os exemplos: eis que temos o sentimento de que podemos reentrar, afinal, no metabolismo natural da história; para nosso Estado de agora, Fukuyama é inadequado e irritante. Temos o sentimento de que temos de reencontrar a identidade, depois de décadas inteiras de "internacionalismo" mais ou menos proletário; o vendaval da globalização chega, para nós, muito cedo.

Poderia ser, de resto, que tudo o que nos chega como exigência, da Europa Ocidental, vem muito cedo, depois que vivemos décadas inteiras com o pensamento de que a ruptura do comunismo, se viesse a produzir-se, poderia vir muito tarde... Estamos presos, perigosamente, nesta dialética drástica de um "muito cedo-muito tarde" com possíveis efeitos paralisantes.

Chegamos, agora, às elites. É provável que, depois do que foi dito, seja previsível minha tese. Afirmo que o programa mais característico e o efeito mais durável do comunismo foi o de supressão das elites. Afirmo, igualmente, que as dificuldades com que se confronta o Leste Europeu no período pós-comunista se explicam, em grande medida, pela insuficiência numérica e qualitativa das elites, pelo que é vital a sua "reinvenção". Mas, no contexto global, a ideologia dominante nesta hora inclina-se mais para a relativização das elites. Segue-se que estamos na situação de propor um projeto de reconstrução elitária fundada numa retórica antielitista. Mais uma assimetria, ao lado das já enunciadas.

Mas, desta vez, tenho para acrescentar uma nuance que me parece essencial: creio que nossa demora não é, neste caso, nefasta. Creio que é preferível teres adiante a perspectiva de uma reconstrução das elites a teres um nivelamento delas. Creio que é muito cedo para nós e muito cedo para o resto do mundo. Creio, mais ainda, que a tendência da moda de diminuir a autoridade das elites é improdutiva e será sempre inválida.

I. Um dos lugares-comuns mais difundidos do comentário político moderno é o que define o nazismo como doutrina de ódio de raça, para distingui-lo do comunismo, que seria uma doutrina de ódio de classe. De fato, o comunismo não exerce seus ressentimentos segundo critérios de classe. Todas as classes sociais são potencialmente inimigas, inclusive a classe proletária. Aquilo a que o comunismo visa são as elites: as elites burguesas, mas também as de trabalhadores; as elites boiardas, mas também a elite camponesa. Até a elite contrafeita que o partido impinge diante de nós, em função do governo, é liquidada sem preconceitos, no momento em que se manifesta como elite com tendência de independência. O comunismo é uma teoria de luta de classe, mas uma prática de usurpação das elites. Que assim estão as coisas, prova-o a população das prisões comunistas, onde políticos, professores universitários e grandes proprietários convivem e sofrem ao lado de camponeses analfabetos, trabalhadores de todas as idades, padres, guardas e estudantes. O universo concentracionário não é a expressão de um martírio de classe; é um resumo perfeito do mundo. Aqueles 100 milhões de mortos que parecem ser o balanço provisório do comunismo mundial não são 100 milhões de burgueses. O título escolhido por Nicolas Werth para o primeiro capítulo de *O Livro Negro do Comunismo*,[3] o que se refere à União Soviética, é exato a mais não poder: "Um Estado contra seu povo". Não contra uma classe ou uma ideia. Contra todo um povo.

---

[3] Stephane Courtois et al., *Cartea Neagră a Comunismului*. Bucuresti, Humanitas, 1998. Edição brasileira: *O Livro Negro do Comunismo*. Trad. Caio Meira. Rio de Janeiro, Bertrand Brasil, 1999. (N. E.)

A retórica da repressão falava, seguramente, de trabalhadores e camponeses como de iniciadores e beneficiários "da revolução", mas, na realidade, eles chegavam frequentemente a estar entre as vítimas. Os comissários bolcheviques lançavam campanhas amplas e sangrentas de "pacificação das aldeias" resistentes à coletivização. Uma estatística do Comissariado do Povo para o Trabalho estabelece, para darmos apenas um exemplo, que, em 1920, 77% das grandes e médias empresas industriais da Rússia foram atingidas por greves de protesto. Um gazetário "engajado" do Pravda comenta cortante: "O melhor lugar para um grevista, este pernilongo amarelo e danoso, é o campo de concentração".[4] "O camponês rico e rapaz", "o usurário", "o kulak bebedor de sangue" são, no vocabulário do partido, alvos da justiça revolucionária, juntamente com os "zangões" intelectuais e com os "bandidos" fazendeiros. Um subalterno propõe a Lênin outro nome para "O Comissariado do Povo para a Justiça"; "Comissariado do Povo para o Extermínio Social". "Excelente ideia!" – responde Lênin – "Exatamente assim vejo as coisas. Lamentavelmente não podemos nomeá-lo assim".[5] O nome não era, realmente, importante. Importante era o próprio princípio de extermínio do inimigo, mas o inimigo, mesmo quando era nomeado "de classe", podia estar localizado em todas as partes. Na Romênia, apenas entre os anos de

---

[4] *Cartea Neagră*, op. cit., p. 88.
[5] Ibidem, p. 62.

1951 e 1952, foram presos 35 mil camponeses, dentre os quais cerca de 29 mil eram camponeses enriquecidos.[6] Mas segundo quais critérios era identificado "o inimigo" e por que pretendemos que o pertencer a certa elite era o seu traço distintivo? Não quero abusar da metafísica ou da psicologia para opor à arrogância inumana nazista o ressentimento trivial comunista. O que me parece evidente é que o ideólogo comunista localiza com um discernimento perturbador o registro "alto" de cada categoria social e se mobiliza para destruí-lo, sabendo que, para seu grande projeto, exatamente este registro é o Obstáculo. Queria-se fabricar um "homem novo": com outros critérios e opções que não os do homem tradicional. Para a realização desse projeto, o termo-chave é "reeducação": outros modelos, outra memória, outros costumes. Quem é impermeável, em primeira instância, à reeducação? (Digo "em primeira instância" porque não existe impermeabilidade diante da reeducação forçada.) A resposta quem a dá é Gorki, escrevendo a Romain Rolland: primeiramente a *"inteligentzia"* com valores estáveis que tende a conservar; depois, o "camponês rico" com o sentimento de propriedade. Contra esses tem-se de fazer – diz Gorki – uma guerra civil impiedosa. "Na guerra, mata-se".[7] Tudo o que tem valor de identidade para o indivíduo humano, tudo o que lhe confere autoridade dentro de sua classe, tem de ser anulado.

---

[6] Ibidem, p. 763.
[7] Ibidem, p. 712.

Porque a identidade e a autoridade são atributos do homem velho... Um oficial da CHEKA dizia, em 1918, a seus subordinados: "Não procureis, durante o interrogatório, documentos e provas quanto aos fatos do acusado (...). A primeira pergunta que deveis fazer a ele é (...) quais são suas origens, educação, instrução, profissão".[8] O que se tem de obter é o desenraizamento, um tipo de "obra em negro" alquímica, a recondução do mundo ao estado de "matéria-prima". Tem de ser destruída a elite camponesa, porque é muito ligada à terra, aos costumes e ao passado. Tem de ser liquidada a elite trabalhadora, porque está muito ligada ao culto não ideologizável da profissão e porque tem não apenas a consciência de seus direitos, mas também a força de impô-los. Tem de ser liquidada a intelectualidade porque abusa do espírito crítico e manobra conceitos arriscados como "verdade", "cultura", "ideias", etc. Tem de ser comprometida a religião, politizada a família, reestruturada a escola. Elabora-se uma nova teoria da história, segundo a qual as personalidades são simples reboques da massa, evacuam-se dos manuais de história os heróis não conformes; e, da literatura, os autores não sistematizáveis segundo um cânon marxista-leninista. Regula-se com cuidado o tamanho da onda de admiração, um afeto perigoso se não é dirigido com vigilância ideológica. Reescreve-se convenientemente a história, até transformar-se em ficção; a ficção, por sua vez, é intimada a

---

[8] Ibidem, p. 15.

tornar-se "realista", até tornar-se propaganda. Os ricaços caem na miséria, tornando-se mendigos, a escória social faz carreira. O senso de hierarquias é brutalizado, bagatelizado, culpabilizado. A vida interior é tratada como subversão. Valoriza-se, ao contrário, a exterioridade loquaz, o dinamismo de superfície. No caminho em direção "ao homem novo", aparece a espécie intermediária do ativista, com a variante romântica do agitador. O comunismo impõe-se, em todos os domínios, como um campeão de planimetria. Seu inverso é um tipo de pista de patinação sem ponto de referência, um delírio do igualitarismo. As entrelinhas são, de regra, desmascaradas como suspeitas, os topos são desmistificados como simples supraestruturas derivadas. A profundidade da história é reduzida ao "gráfico" da luta de classes. A profundidade de alma é de algum modo um reflexo da epiderme social. Nestas condições, o que acontece, no entanto, com as elites? Algumas desapareceram pura e simplesmente. Nas prisões ou na miséria anônima de uma existência periférica. Outras sobreviveram discretamente, à margem, como nobreza decadente, capaz ainda de salvar as aparências, mas, na realidade, emasculada: uma elite crepuscular, do *underground*, o suficiente para guardar a memória da normalidade. Podias visitar algum velho escritor num apartamento fora de moda ou algum filósofo tolerado pela oficialidade, numa aldeia da montanha. Reencontravas, assim, uma tênue continuidade com outra era, aproximada, "de oitiva", objeto de uma nostalgia difusa, inconfessável. Existe ainda, enfim, também uma terceira categoria, que chamaria "elite de estufa". Trata-se da comunidade restrita dos escritores e artistas, organizados em "uniões de criação", um tipo de reservas bem vigiadas, em que uma subsistência aceitável era oferecida em troca da desimplicação do imediato ou de uma implicação triunfalista. As ideologias "da arte engajada" conseguiam assim o isolamento perfeito da elite artística do metabolismo real da sociedade. A elite cultural era condenada ao exotismo. Quanto às outras elites, elas estão deslocadas pelo encorajamento pérfido de um espírito de emulação desviado, causador de graves malformações. O camponês é instigado a aspirar a um estatuto operário, ou seja, citadino. Fala-se do "desaparecimento de diferenças entre a aldeia e a cidade". O operariado, a seu turno, é instigado a "migrar" para o estatuto da intelectualidade. Constroem-se escolas de partido, que dão, da noite para o dia, títulos universitários a alguns representantes do proletariado escolhidos de acordo com o critério da origem social pobre e com o devotamento político. Pessoas sem liceu obtêm doutorados e graus acadêmicos. Deste modo, obtém-se a rápida usurpação de qualquer competência e o descrédito de qualquer desempenho autêntico. Organizam-se amplos festivais de artistas amadores para provar que a criatividade não deve ser confiscada por profissionais e que o talento é uma virtude democrática. Nivelamento, destruição, deslocamento, desestabilização – essas são as manobras cotidianas do regime. A ligação entre o centro e a periferia, entre o superior e o inferior, é invertida.

Quem tem autoridade real não tem poder, mas quem tem poder não tem, de regra, nenhuma autoridade.

II. Este é, em geral, o pano de fundo em que se desenharam as mudanças revolucionárias de dezembro de 1989. E não é falto de certa relevância simbólica o fato de que estas mudanças foram provocadas por um movimento de rua, cujos heróis não eram, falando-se estatisticamente, representantes de nenhuma elite. As elites produzem antes "as revoluções de veludo"; as revoluções sangrentas têm necessidade da veemência anônima da multidão. Mas depois de uma derrubada de proporções das velhas instituições, o problema essencial é quem toma as rédeas, quem define e gere a novidade de repente possível. Os olhos de todos se dirigem, portanto, para o local vazio do centro do turbilhão e para os eventuais novos administradores do poder. Só que, depois de 45 anos de deriva totalitária, a oferta é confusa, quando não pura e simplesmente nula. Os olhares procuram, primeiro, na vizinhança imediata dos antigos dirigentes. A euforia da eliminação do ditador atenua os vícios dos seus antigos colaboradores. Ouvem-se os nomes de alguns antigos primeiros-ministros, que se declaram prontos para começar a reforma. Procura-se depois entre os ativistas perseguidos políticos pelo dirigente caprichoso, entre os heróis de rua e entre aqueles poucos dissidentes recuperados pela consciência pública. De modo evidente, não existe uma reserva de "elite substituta". A Romênia pós-comunista, por conseguinte, tem de inventar para si mesma uma elite do nada ou dos restos definhados das velhas. A antiga nomenclatura prova que é, inevitavelmente, um "viveiro" de quadros ainda frequentável. Ao lado dela, aparecem os ambiciosos, os espertalhões e os românticos nebulosos, dispostos a assumir interessada ou candidamente a desordem momentânea. Entra em jogo também o que chamei há pouco "a elite de estufa", que tem de redefinir seu estatuto e compensar por um ativismo, afinal, corajoso, e, além disso, lucrativo, a passividade culpada de antes de 1989. Uma parte dos intelectuais sente que os novos tempos vão impor outro tipo de vedete e reorientam a carreira em função de critérios de atualidade: passam a ser jornalistas, políticos e, mais raramente, empresários. Em geral, pode-se falar de uma redistribuição espetacular de profissões. É relativamente corrente a transformação de médicos, engenheiros, escritores e juristas em analistas políticos (uma profissão inflacionária), diplomatas, militantes de partido, editores. Alguns – *j'en sais quelque chose*[9] – chegam a ministros, parlamentares, patronos. Todos ainda se apertam no meio "seleto" da "sociedade civil", que tem a tendência de tornar-se, nos períodos de transição, um homônimo da "elite". A reestruturação profissional equivale, lamentavelmente, ao menos por enquanto, a uma desprofissionalização geral. Todo o mundo, do

---

[9] "Sei o que estou falando" (francês). (N. E. Romeno)

presidente e ministros até o mais modesto proprietário de quiosque, encontra-se na condição do principiante, que procura compensar a falta de instrução e de experiência adequadas pelo talento, destreza conjuntural, sorte ou topete. O sentimento geral é que "Não temos homens", que não podemos confeccionar, para nenhum domínio, um catálogo convincente de "expertos". A coligação atual de governo anunciou, na campanha eleitoral de 1996, que levará ao poder 15 mil especialistas. Viu-se logo que tal promessa diz respeito em toda linha a qualquer campanha: não havia nenhuma cobertura. Os 15 mil especialistas, mais exatamente a falta deles, constituem, hoje, um objeto de derrisão pública.

Característico é o fato de que o campesinato e o operariado, ou seja, a massa propriamente dita da população, envolvem-se minimamente nas coisas do país. Tendo-se-lhes amputado a dimensão elitária, já não têm interesses claros para além da exigência cotidiana de sobrevivência, já não têm critérios, crenças, iniciativa. Fáceis de manipular, explodem, de vez em quando, gregários, conduzidos por tropismos vagos ou por líderes hábeis e impuros. À pergunta: "Em qual dos dois candidatos presidenciais a senhora vai votar?" feita em 1992 a algumas mulheres do campo, apareciam respostas do tipo: "Quando for o presidente de agora, voto nele; quando vier outro, voto no outro", ou, "Voto nos dois, e Deus escolha o melhor". A abdicação da decisão, a delegação da opção, atesta uma crise aguda de identidade. Mas com um eleitorado em crise de identidade, as eleições democráticas não podem destilar corretamente uma elite política adequada.

A obtenção da elite condutora pela eleição pressupõe a competência política da massa e, mais do que isso, certa sensibilidade da massa diante das virtudes da elite. As elites verdadeiras não são uma minoria autossuficiente, um clube solitário formando um superlativo abstrato. Elas são a expressão da necessidade que o organismo social tem de uma elite, a projeção de um afeto comunitário. Para se constituírem, as elites têm, naturalmente, necessidade de "qualidade" humana, de qualidades nobres e cultivadas solidamente, mas também de uma investidura de respeito da parte dos outros, do "mandato" da crença coletiva. As elites são o correlativo de uma comunidade que tem a intuição do desempenho da elite e a admira. Não existe a "aristocracia" da competência, em outras palavras, sem a aristofilia do corpo social. Ora, a coisa mais dramática que aconteceu nos antigos países comunistas foi, ao lado da corrupção insidiosa das elites, a erosão estratégica do respeito para com elas. Veem-se agora as consequências, quando nos damos conta de que, se nos faltam as elites, é também porque já não temos um "órgão" para elas. A "reeducação" a que fomos submetidos teve sucesso: já não nos agradam os superlativos, já não suportamos a envergadura. Depois de alguns decênios de obediência mutilante, assistimos à explosão compensatória de um espírito crítico devastador: ninguém está resguardado da volúpia generalizada do descrédito. Em vez de serem valorizadas, solicitadas, estimuladas, as elites são antes o objeto de uma culpabilização desencadeada. A qualificação de elite é dissolvida e transferida, pela atomização, para todos. Cada cidadão se sente no direito de contestar qualquer forma de excelência. Vivemos, depois de 1990, numa atmosfera semelhante à que Ortega y Gasset percebia na Espanha "invertebrada" dos anos de 1920: "...cada membro da multidão considera-se uma personalidade diretora e se arremessa impetuosamente contra quem quer que se realce (...) Existe na fileira da massa um ressentimento plebeu contra qualquer excelência possível".[10] Uma das funções definidoras das elites, a de constituir-se em referência coagulante, em centro magnético da sociedade, torna-se impossível. Pareceria que temos que ver com um cenário típico das evoluções históricas pós-revolucionárias: o cenário caótico da "transição". Uma página de Tocqueville publicada depois da volta da América descreve, em termos semelhantes, o ambiente francês de 1835:

> Onde estamos, pois? Os homens religiosos combatem a liberdade e os amigos da liberdade atacam as religiões; espíritos nobres e generosos gabam

[10] Ortega y Gasset, *España Invertebrada*. Madri, Calpe, 1921, p. 101-02.

a escravidão e almas baixas e servis preconizam a independência; cidadãos honestos e esclarecidos são inimigos de qualquer progresso, ao passo que homens sem patriotismo e sem costumes fazem-se apóstolos da civilização e das luzes! (...) um mundo em que nada se concatena, em que a virtude não tem gênio e o gênio não tem honra? em que o amor à ordem se confunde com o gosto dos tiranos e o santo culto da liberdade com o desprezo às leis? em que a consciência lança apenas uma claridade duvidosa sobre as ações humanas? em que nada mais parece proibido, nem permitido, nem honesto, nem vergonhoso, nem verdadeiro, nem falso?[11]

Mas Tocqueville podia esperar uma saída da crise, porque tinha o modelo de uma solução: a democracia americana. No Leste Europeu, também nós diagnosticamos a crise. Sabemos como devem ser as primeiras manobras terapêuticas. Estamos, igualmente, prontos para adotar um modelo útil, seja ele europeu ocidental ou americano. Mas o "modelo", mais do que nós, luta com outras doenças do que nós. Ou seja, o de que nos ressentimos como doença – a desarticulação das elites – parece ser ressentido, no nível do modelo, como sintoma de normalidade. Queremos reconstruir o que o "modelo" se propõe a desconstruir...

---

[11] Edição brasileira: Alexis de Tocqueville, *A Democracia na América: Leis e Costumes*. Trad. Eduardo Brandão. São Paulo, Martins Fontes, 2005, p. 18. (N. E.)

III. A própria definição do termo "elite" evoluiu visivelmente para a relativização. Ao tempo de Vilfredo Pareto e de Gaetano Mosca, "elite" tinha ainda um ressaibo de sentido suntuoso, na velha tradição dos retóricos gregos e, principalmente, romanos. Falo de um sentido "suntuoso" à medida que a ideia de qualidades humanas (a virtude, o conhecimento, a nobreza) se combina com a ideia da grandeza, do prestígio monumental. No livro 5.º das Leis (730c-731a), Platão dá, por exemplo, ao homem superior a predicação "*mégas kaí téleios*", "grande e perfeito". Homens "grandes" são também os heróis das *Vidas* de Plutarco e algumas personagens da tragédia grega e os nobres de Píndaro. Mas a ênfase retórica do "grande" homem parece ser, na civilização ocidental, antes uma herança ciceroniana.[12] Principalmente a conotação suntuosa a que nos referimos terminou ainda por irritar a sede de equidade de certa "correção política". De medo de derrapagens injustas, ofensivas, das hierarquias imerecidas, causadoras de arrogância, o culto da "grandeza" foi abandonado, mas, juntamente com ele, também o culto das qualidades humanas de exceção. Do medo do elitismo, passou-se à minimalização da elite. Antes foi substituída a singularidade dela (a minoria "dos melhores" – *aristoi* – representantes de uma comunidade) por um

---

[12] Sobre toda essa problemática, ver Hans Joachim Mette, Der "grosse Mensch". In: Hermes, *Zeitschrift für klassicher Philologie*, n. 89. Band, 1961, p. 332-34.

plural repartido em profissões, instituições, funções. Já em 1936, Harold Lasswell via na elite a soma dos detentores de influências eficazes de diversos setores da atividade social: política, negócios, religião, forças armadas, etc. Portanto, elites, não elite. Depois, então, seguiu-se uma restrição funcional do termo: as ciências sociais de hoje trabalham, praticamente, com um conceito da elite que já não abrange senão a mecânica elementar do poder. As elites são, em cada domínio público, os que conduzem, ou seja, os que decidem. O substantivo tornou-se, por assim dizer, um simples atributo. As elites já não designam uma qualidade estável, mas uma posição passageira. As notabilidades, as celebridades, em uma palavra, as "estrelas" (ou "os Importantes", ou os VIPs), vêm e vão, sendo a qualificação, afinal, um problema de "Imagem", um efeito da publicidade.

É muito significativa a mudança sobrevinda exatamente no domínio que faz girar, de maneira geral, a formação das elites: a educação e o ensino. Num estudo que apareceu no outono de 1993, em *Daedalus*, John R. Searle assinala a tensão existente já àquela época, principalmente no meio acadêmico americano, entre a pedagogia mais ou menos tradicional, respeitando os princípios do racionalismo ocidental, e "a nova onda" da pedagogia "pós-moderna", nascida sob o impacto de alguns autores como Thomas Kuhn, Jacques Derrida, Richard Rorty e, em menor medida, Michel Foucault.[13] Uma releitura "esquerdizante" de Nietzsche põe sob o signo de perguntas os conceitos com uma hereditariedade gloriosa e estável: não existe a objetividade, a verdade é algo antes fabricado que descoberto, a noção mesma de ciência é considerada como "repressiva". O "cânone" cultural que as universidades conservam e propagam é um construto político, um bloco arbitrário de valores, inventado para a manipulação dos desavisados. Ao gigantesco "abuso" político das elites universitárias tradicionais, tem-se de reagir também politicamente. A manipulação "ruim" será substituída por uma manipulação "boa". Para isso, as regras de recrutamento dos nossos professores serão mudadas. Redefine-se, então, o próprio conceito de "qualidade intelectual". As virtudes obrigatórias apegam-se mais à orientação política correta, à intensidade de "engajamento", à dedicação diante da "causa", do que à prestação propriamente científica. Assistimos a uma reestruturação radical das hierarquias correntes e, de fato, à suspensão do princípio de qualquer hierarquia. É, por exemplo, injusto, infundado, "elitista" pretenderes que alguns livros sejam melhores do que outros, que algumas teorias sejam verdadeiras e outras falsas, ou que se possa fazer uma distinção válida entre a alta cultura e a cultura popular. A prestança do professor tem também de ser

---

[13] John R. Searle, "Rationality and Realism, What Is at Stake?". *Daedalus,* vol. 122, n. 4, outono de 1993, p. 55-83. Em português: John R. Searle, "Racionalidade e Realismo: O que Está em Jogo?". Trad. Desidério Murcho. *Disputatio,* n. 7, 1999. (N. E.)

desmitificada. É suspeita a preleção magistral. Não existe alguém que sabe e alguém que aprende: existe apenas um esforço comum, camarada, de fazer avançar uma causa política justa.

O meu escopo não é, nesta conferência, comentar ou qualificar de alguma maneira a "revolução" esboçada por Searle. Pergunto-me, no entanto, como se pode conciliar a crise das elites em que vive o Leste Europeu depois de longos decênios do período comunista, com o furor reformador dos ideólogos pós-modernos? Como se pode dar um salto razoável da pré-modernidade no pós-modernismo, admitindo-se que seja obrigatório tal salto?

Para mim, o problema não é de ordem teorética. Não se trata de um debate abstrato acerca de filosofia da educação. Trata-se de consequências práticas prementes. Quando, em 1994, abri em Bucareste um pequeno Instituto de Estudos Avançados, aproveitando-me da compreensão e apoio do Colégio em que nos encontramos agora, meu projeto era límpido a mais não poder: a organização de um ambiente em que a dotação de elite seja identificada, recuperada, estimulada, ajudada a realizar-se. Os bolsistas passavam a ter, afinal, o que nem o período de ditadura nem o da transição conseguiram oferecer-lhes: uma subsistência decente, liberdade plena de pensamento e expressão, instrumentos de trabalho modernos, contatos com a elite científica internacional.

Semanalmente, exigia-se-lhes que participassem de um colóquio amigável, em que se discutiam, linha a linha, os projetos de cada um. O escopo é, entre outros, a recuperação de exercícios intelectuais que a marginalidade (eventualmente, clandestinidade), o isolamento, a suspeição, impostos pelo velho estilo de vida estavam prestes a suprimir. Tive a sorte de encontrar pessoas e instituições cuja generosidade era acompanhada de uma compreensão sutil e pronta. Mas assim elas como eu, tínhamos de enfrentar os sinais do tempo... De vez em quando, nas cercanias de nossa instituição, aparecem rumores de uma inquietação que "está na moda" agitada: será que é uma instituição elitista? Será que financiamos um jogo com contas de vidro? Como a "sociedade" pode ganhar depois com tal atividade? O subtexto dessa inquietação consta de uma soma de pressuposições, que tendem a intervir, de resto, com boa intenção, no processo de reconstrução do Leste, com princípios nascidos no ambiente histórico, social e intelectual da Europa Ocidental. Tenta-se a cura de uma doença com um medicamento pensado para a cura de outra. Procura-se o tratamento da penúria, com uma filosofia de superprodução.

Os países do Leste Europeu se confrontam, neste momento, com uma lista de urgências, em que não se pode estabelecer uma ordem prioritária. Tudo é prioritário e isso é o maior estorvo na recuperação da normalidade. Não é mais urgente a reabilitação do nível de vida do que o remodelamento das mentalidades, e isso pelo simples motivo de que, sem uma nova mentalidade em matéria de trabalho, lucro, liberdade e justiça não se pode produzir a melhoria da qualidade de vida. Não é mais urgente a reforma da indústria do que a reforma da escola; não é mais urgente a restituição das propriedades do que a institucionalização do controle civil sobre a armada; não é mais urgente a queda da inflação do que a consolidação da sociedade civil. Igualmente, não é mais urgente a melhoria do sistema de ensino público do que o refazer das elites. Tal avareza burocrática procura convencer-nos que as necessidades do homem não se manifestam numa simultaneidade orgânica, mas numa sucessão contábil. *"Primum vivere, deinde philosophari"*:[14] um dito tão célebre quanto trivial, um modo de converter o mínimo em valores primordiais. Na realidade, um homem completo e uma sociedade saudável têm necessidade ao mesmo tempo dos benefícios da subsistência e da reflexão, de meias e de sonhos, do pão diário e de utopias. No Leste Europeu, faltam-nos, por ora, assim uns como os outros. E não podemos aceitar que o quinhão da geração atual seja o de *"vivere"*, ficando a filosofia para ser financiada mais tarde... No que me diz respeito, tenho em mente um retrato ideal do patrocinador "cultural" e, de outro modo, creio que o encontrei algumas vezes: é alguém que, depois de investir lucrativamente em grandes projetos de

---

[14] Primeiro viver, depois filosofar. (N. T.)

educação universitária, em pesquisas acerca da arte de governar, legislação, liberalismo, ecologia e minorias, em programas de revitalização econômica e institucional, sente necessidade de sair do circunstancial, do razoável de primeira instância, para investir num jogo com contas de vidro. Mostrou-se rentável financiar a instalação de Newton sob a maçã ou a navegação utópica de Colombo. Os homens não ficam mais pobres se, de vez em quando, consentem em dar de comer aos Serafins...

Conferência dada no Wissenschaftskolleg zu Berlin, na série de Conferências Ernst Reuter, em junho de 2000.

3
Tolerância e o intolerável: crise de um conceito

H á alguns meses assisti, no Wissenschaftskolleg zu Berlin, a uma conferência de um jurista indiano acerca dos direitos do homem. O conferencista era, fazia muitos anos, professor em uma grande universidade europeia, de modo que não podia ser suspeito de patriotismo local estreito ou de provincianismo. Entendia, no entanto, que deveria tratar da matéria do ponto de vista da tradição hindu. Em suma, tratava-se de combinar a noção de "direitos" com a de "obrigações" e da definição de "obrigação" em termos de um conceito estranho aos hábitos da cultura europeia, o conceito de *dharma*. *Dharma* é a lei universal do existente, o fundamento funcional do mundo. Neste contexto, a obrigação individual não se decide em função de exigências dos outros, de instituições ou de algumas legiferações imanentes, mas em função de *dharma*, ou seja, de uma ordem cósmica, da qual cada existente tem de participar se não quiser autoanular-se. Lembrei-me, enquanto ouvia a conferência, de um colóquio mais antigo sobre o mesmo tema, organizado por países árabes. O colóquio terminara por ilustrar o princípio próprio de que não se pode falar de direitos do homem sem invocar, permanentemente, "os direito de Alá". Era claro que do ângulo indiano e do ângulo islâmico, o problema dos direitos do homem se punha em termos totalmente outros em relação ao ângulo europeu, o que, naturalmente, levantava grandes problemas de comunicação. Como de costume, depois da conferência do Wissenschafstkolleg, seguiram-se as discussões. Para os que não conhecem a instituição berlinense, vou esclarecer que "o público" consta de uma equipe de aproximadamente trinta universitários de elite, escolhidos de todos os países do mundo. Mas a visão europeia é predominante, com tudo o que implica em matéria de pressuposições históricas, culturais, metodológicas, etc. A discussão após a conferência foi quase nula, o que de regra não acontece na comunidade mencionada. Manifestamente, os da sala estavam tomados pela surpresa. Estavam a par do que se poderia chamar "vulgata" dos direitos do homem, assim como constituída depois da Revolução Francesa, mas não sabiam nada, ou sabiam muito pouco, acerca de outros espaços de civilização. O que exatamente tinham descoberto do professor indiano não se coadunava de maneira nenhuma com a concepção corrente deles. De outra parte, no entanto, no fundo, tinham opiniões diferentes, nascidas de uma filosofia em que a metafísica, no sentido tradicional, e a teologia já não tinham peso, estavam eles incomodados, no impulso natural de debater a questão, por alguns princípios que os últimos decênios lhes impuseram como invioláveis: o respeito ao outro, o direito à diferença, a tolerância diante das opiniões alheias. As reflexões que se seguem partem da necessidade de entender este bloqueio do diálogo e de assinalar a crise de um conceito – a tolerância – que, tornando-se um lugar-comum do comportamento "civilizado", chegou, como todo lugar-comum, a ter uma validade cega, sem contorno.

Uma primeira observação quanto à situação do Wissenschaftskolleg seria que vivemos num mundo de globalização, em que as distâncias espaciais e culturais diminuem visivelmente, mas isto não exclui a ignorância dos fundamentos intelectuais e sociais do outro; ao contrário, amplia o aspecto irracional desta ignorância. Podes chegar relativamente rápido a Bangkok, podes ter relações políticas ou comerciais com Bangkok, mas podes fazê-lo sem passares, epistemologicamente, além do pitoresco turístico. Entre a globalização e a "cultura geral" instala-se, de maneira paradoxal, uma relação de proporcionalidade inversa. Quanto mais facilmente nos encontramos, tanto menos nos conhecemos. Uma segunda observação seria que a ignorância não exclui a cordialidade. Podes ter boas relações com alguém acerca de cujo *background* cultural nada sabes. À primeira vista, temos de fazer um benefício de civilização: a comunicação é possível na ausência do conhecimento. Mas, estando assim as coisas, pode-se ainda falar de comunicação verificável, ou temos que ver com um simples problema de etiqueta, com uma coreografia agradável de superfície? Assistimos, de fato, a uma modificação substancial de sentido do conceito de "tolerância". Ele já não designa *aceitação* do "outro", da opinião diferente, mas pura e simplesmente *ignorância* (amável) da opinião diferente, a suspensão da diferença *como diferença*. Disso resulta que: 1. não tenho necessidade de te entender para te aceitar; 2. não tenho necessidade de discutir contigo para te dar razão. Dito de outro modo, estou de acordo com as coisas que não entendo e estou, em princípio, de acordo com os coisas com que não estou de acordo. O senhor tem direito à opinião do senhor. Respeito-a. Eu tenho direito a minha opinião e espero que ela seja respeitada. É inútil a dialética. A tolerância recíproca termina numa mudez universal, sorridente, pacífica, uma mudez porque o diálogo é uma interferência radiofônica indesejável. Nessas condições, a tolerância tem efeitos mais do que discutíveis: ela amputa o apetite de conhecimento, de compreensão real da alteridade, e dinamita a necessidade de debater. Para que negociarmos mais, se o resultado é, de qualquer modo, o consentimento mútuo ao direito do outro? Num mundo governado por tais regras, Sócrates ficaria desempregado. Não se encontra nenhuma verdade, não se faz nenhum raciocínio. Não se exige senão que respeitemos, educados, as convicções do interlocutor.

O prestígio não discriminatório da tolerância coloca sob o signo de pergunta uma série inteira de categorias até ontem operativas: o erro, a culpa, a relação com a exceção, os princípios de educação, a técnica da disputa e, em geral, a problemática arriscada e complicada do *intolerável*. De uma necessidade estrita de boa convivência ("o apanágio da humanidade" – dizia Voltaire: "perdoar-nos reciprocamente as tolices é a primeira lei da natureza"), a tolerância se torna um *habitus* de neutralidade, um molho de anestesia lógica e axiológica, sintoma de uma alegre paralisia interior. Ser tolerante parece significar renunciar ao *sentimento de orientação*. Espero não julgueis prematura minha preocupação. Não defendo a intolerância, a atrocidade do espírito de geometria. Não quero reintroduzir os julgamentos em branco e preto, a esclerose normativa das dicotomias, a monotonia não realista do "ou-ou". Quero apenas chamar a atenção para a necessidade imperativa de acrescentar à tolerância *o discernimento*, de não confundir o respeito à diferença com a ética dissolvente do "*anything goes*".[1]

Admite-se, em geral, que o debate moderno sobre a tolerância começa no final do século XVII, com John Locke. Na realidade, quando um conceito se torna objeto de controvérsia, quando se sente necessidade de sua fundamentação teorética, de afirmação explícita

---

[1] Vale tudo. (N. T.)

dele na cena pública, o conceito em questão está mais perto da crise. (Ver a sobrevalorização contemporânea da problemática "europeia"...) Locke propõe uma justificação filosófica para a tolerância, no pano de fundo de conflitos bárbaros entre diferentes confissões e facções religiosas, incapazes de conviver. A tolerância era, neste contexto, um antídoto contra a prática da persecução. E não devemos esquecer que, inicialmente, a tolerância se impôs ao espírito europeu por suas conotações estritamente religiosas: invocá-la, por extrapolação, em outros domínios é uma empresa difícil, que se presta a nuances e reformulações. (Diga-se de passagem, John Locke, teórico da tolerância e expoente iluminado da separação entre a vida civil e a religiosa, não é tão "moderno" a ponto de aceitar a tolerância diante dos ateus, que lhe pareciam, por sua falta de empenho espiritual, seres associais). Existe, todavia, um subentendido de tolerância, que faz parte dos dotes comportamentais da espécie e não tinha necessidade, portanto, de esperar os albores da modernidade para manifestar-se. Mencionaria, em primeiro lugar, a *tolerância diante de si mesmo*, que é, creio, de tradição velhíssima. Diante de si mesmo, o homem se comporta cristãmente muito antes, provavelmente, do aparecimento do cristianismo. Conhecemos bem nossos pecados, sabemos a nosso respeito coisas inestimáveis, estamos, não uma vez, em desacordo com o que fazemos, mas de uma vez para outra olhamo-nos com simpatia suficiente:

compreendemo-nos, suportamo-nos, perdoamo-nos. Prevalece o sentimento de que somos, no fundo, homens de bem, "*good guys*",² figuras honradas. De qualquer modo, não somos tão maus quanto parecia nem, principalmente, tão maus quanto os outros. Inclino-me a dizer, do mesmo modo, que "ama a teu próximo como a ti mesmo!" não significa "ama a teu próximo tanto quanto te amas a ti mesmo", mas antes "ama a teu próximo com a mesma indulgência com que te amas a ti mesmo", "sê tolerante com as fraquezas alheias, assim como és tolerante com tuas próprias".

Uma ilustração menor, mas significativa da tolerância diante de si, é a complacência que geralmente temos diante de nossos *hábitos*. Por mais ridículos, por mais maníacos, eles são nessa medida parte de nós, enquanto não levamos em consideração a sua reforma eventual. A tolerância aparece como perfeitamente natural também quando é praticada diante dos que nos rodeiam. O amor se exprime sempre – e algumas vezes de maneira irracional – como tolerância: somos muito indulgentes com nossos filhos, com os de nossa família, ou com os de alguns amigos. Aceitamos da parte deles derrapagens que, em caso de outros, nos pareceriam inaceitáveis. Pode-se dizer, aliás, que a vida em comunidades pequenas é uma verdadeira escola de tolerância. Em grandes comunidades, podes isolar-te, podes criar

---

² Bons moços. (N. T.)

para ti "clubes" com base nas afinidades, evitando o contato com os que te contrariam. Mas numa família tens de acomodar-te às particularidades de cada membro como um *dado* do qual, em condições correntes, não tens como fugir. O casamento, por exemplo, encoraja o espírito de tolerância até ao martírio... É inevitável concordares, te acostumares com a maneira de o parceiro enrolar (ou não) o tubo da pasta de dentes, com os hábitos alimentares dele, com os hábitos dele, ou com os de um clã inteiro, com os ritmos e idiossincrasias que te são estranhos.

A experiência da tolerância é, todavia, uma experiência comum até fora das relações consigo ou com o próximo. É muito disseminada, na vida diária, a variante – digamos – "fraca" da tolerância", chamada *indulgência*. Sabes que acontece uma irregularidade, não concordas com o cometimento dela, mas *passas em silêncio*, finges que não notas a existência dela. Sabes, digamos, que alguns alunos fumam durante o intervalo, no banheiro, sabes que a faxineira te furta, candidamente, dos bombons do escritório, que o amigo X fila sistematicamente teus cigarros, mas decides que não vale a pena dares importância a tais bagatelas. A indulgência é, por conseguinte, a tendência de tolerar o que te parece *não essencial*. Os pequenos pecados, os que temos todos nós ou que tivemos, como todo o mundo, em outra etapa da vida, têm de ser tratados com brandura, abafados, esquecidos. A indulgência é a tolerância dos avós que provam, farsantes, com o rabo do olho, das deliciosas brincadeiras dos netos.

Comum, para não dizer banal, é também a forma algo mais "forte" da tolerância: *a cumplicidade*, o consentimento tácito. Já não podes mais com o irregular, mas decides, em virtude de um cálculo pragmático, permiti-lo. Todos sabemos, ao menos nós, os da Europa Oriental, que a gorjeta é um hábito doentio. Não estamos de acordo com ele, mas o assumimos. Seja por fraqueza, seja por oportunismo estratégico, preferimos encorajar um costume ruim a confrontar-nos com os efeitos negativos de sua correção; parece-nos que é mais rentável estimularmos, pela gorjeta, a prontidão de alguns serviços, ou recompensarmos a realização de um favor, do que darmos lições inúteis de correção... Seja porque não tens coragem de intervir, moralizador, seja porque não queres fazer-te antipático, seja porque a suplementação da remuneração te parece escusável em certas condições, decides participar da transgressão pelo princípio da eleição do mal menor. Neste campo semântico tem-se de entender também a expressão "casa de tolerância". ("Tolerância?" – exclama um escritor francês – "*mais il y a des maisons pour cela!*")[3] A casa de tolerância propõe-se a neutralizar, pela decisão civil, uma fonte potencial de desordem descontrolada, instituindo um território de desordem controla-

---

[3] "Mas há casas para isso!" (francês). (N. E. Romeno)

da, ou seja, permitida à medida que se respeitem certas condições. É o que em direito canônico se chama *permissio comparativa*, como sendo preferível à permissividade não condicionada (*approbatio*).

No final, em outro patamar, temos algumas vezes que ver com uma espécie mais sombria da tolerância: *a resignação*. Vês a irregularidade, rejeita-a interiormente, mas suporta-a, *sofre-a*, como algo inevitável. Normalmente adotas a resignação seja porque não crês na possibilidade de retificação da situação (e, portanto, no sentido do esforço retificador), seja porque, por um motivo ou outro, queres salvar as aparências. No primeiro caso, a tolerância toma o colorido *de desmobilização* e, no limite, de covardia. O aterrorizado por uma ditadura está inerte não porque é tolerante com a ditadura, mas porque é timorato pelos recursos repressivos dela. No segundo caso, a tolerância cai na retórica da *hipocrisia*: a esposa ou o marido que, sabendo-se traído pelo parceiro, aceita a situação para preservar as conveniências, parece cultivar a tolerância, mas, de fato, está talvez resignado, por amor da autoimagem e da do casal.

As situações que inventariei até aqui demonstram que existe uma prática e uma problemática a-histórica da tolerância, que ela é, na verdade, como dizia Voltaire, "o apanágio da humanidade". Mesmo se, de vez em quando, as cercanias exteriores estreitaram drasticamente o espectro da manifestação dela, a tolerância permanece a condição mínima de convivência, de higiene interior no quadro da funcionalidade de grupo. O fato de hoje falar-se deste tema muito mais e muito mais energicamente do que antes não assinala um novo território de reflexão, mas uma *amplificação desviante* da noção, uma mudança de contexto que leva a esfera desta noção ao limiar da explosão.

Antes de tentarmos descrever essa evolução, sistematizemos rapidamente os casos evocados acima:

1. A tolerância é um *epifenômeno da vida comunitária*. Tem necessidade de ao menos duas personagens diferentes para poder colocar-se em termos concretos o problema da tolerância. A psicologização do conceito, o discurso sobre "seres" tolerantes ou intolerantes, sobre brandura temperamental (Calvino falava de *mansuetudo animi*), assim como a definição de tolerância como virtude autônoma, como valor "em si", legitimável em absoluto, tudo isso são especulações irrelevantes, enquanto não aparece a ocasião de um teste imediato, de uma "prova" social. Para Robinson Crusoé, o único na ilha, não se põe o problema da tolerância. Isso para desencorajarmos, de saída, o palavreado alado (e utópico) sobre a tolerância *em geral*, sobre a sua nobreza seráfica, autossuficiente. "Temos de ser tolerantes!" – não significa nada. O problema está em que lugares, em que momento, em que dosagem e com referência a quê.

2. A tolerância não entra em discussão a não ser que uma das posições que se confrontam disponha do *atributo do poder*. Dito de outro modo, não pode ser tolerante senão quem dispõe dos meios de ser intolerante. A tolerância é a decisão racional de uma instância coercitiva de punir a própria função coercitiva, de não abusar do próprio poder. Do ponto de vista do poder, a tolerância é o limite do direito de intervenção. É de observar que o poder verdadeiro, o poder que tem uma base larga de legitimidade é, de regra, muito mais tolerante do que o poder arbitrário, usurpador, imposto atrabiliariamente. As ditaduras são intolerantes porque são ameaçadas pelo metabolismo diverso dos que se submetem a ela. Tudo o que é vida multicor põe em perigo histérico a uniformidade deles. A inflexibilidade legislativa e o excesso numérico de regras são sintomas de um organismo fraco, com um "campo de tolerância" restrito. Os sistemas poderosos, ao contrário, permitem a si mesmos uma margem muito mais generosa de permissividade. A tolerância é, portanto, a expressão de um organismo político vigoroso, garantia de sanidade do corpo social. A lassidão, a suspensão dos critérios, a anarquia, a confusão dos valores, a indigência das instituições, o relativismo dissolvente não são sinais de uma riqueza de tolerância, mas fenômenos de degenerescência. A verdadeira tolerância é o antípoda da fraqueza. Não podes ser tolerante em nome de um palor, não podes permitir a diferença quando não tens nenhuma

identidade, não podes permitir qualquer coisa apenas porque não crês em nada. Em suma, não podes servir eficientemente ao pluralismo, fundando-te numa anemia sem rosto. A tolerância é a atenção acordada pela maioria a cada minoria, o entendimento do forte diante do fraco, a sabedoria da norma de não impor-se com força a normatividade. Num mundo em que o princípio da igualdade obtivesse uma vitória definitiva, a "ética" da tolerância seria caduca, assim como seria caduca num mundo de liberdade religiosa unanimemente aceita. A tolerância é uma virtude do mais forte na convivência dele com um interlocutor desavantajado de um modo ou de outro. Sem esse distanciamento estrutural não se pode falar de tolerância real, mas apenas de uma troca graciosa de amabilidades. É, de qualquer modo, um sinal de patologia social quando uma minoria se declara "tolerante" com a maioria, quando a exceção se declara tolerante com a regra. É como se a lebre se declarasse tolerante com o elefante.

3. A tolerância é a solução socialmente conveniente de um *desacordo*. Decido já *não* me comportar discriminatoriamente com um estado de coisas contra o qual tenho argumentos para desaprová-lo. O acordo com o outro não se pode denominar tolerância; ele não é senão uma forma de consenso. Para que o emprego da palavra "tolerância" se torne adequado, a avaliação da coisa tolerada tem de manter uma conotação negativa. A expressão "sou tolerante com as mulheres bonitas" é absurda, se

não for dita por um misógino para o qual as mulheres bonitas são uma categoria reprovável. Não podes ser "tolerante" com uma ideia ou com um fato que validas sem reservas. Não "toleras" as coisas com as quais estás de acordo. Tem de existir uma reserva mental, um desacordo de opinião, uma consignação da diferença *crítica* entre o que tolera e o objeto tolerado. A tolerância é a inclinação ou a decisão de aceitar as coisas que certos critérios definiriam como inaceitáveis. É entrar em acordo com algo que te contraria.

Todas essas observações conduzem a uma conclusão de que a tolerância é um valor comportamental validável e recomendável apenas porque o mundo é imperfeito. O "meio" privilegiado em que ela conquista seu lugar é uma das diferenças dificilmente conciliáveis, das desigualdades políticas e sociais, das tensões entre o bem e o mal. O espírito de tolerância busca que o discernimento não seja rígido, os juízes não sejam apenadores. Não excluir o que não te inclui, permitir ao outro ser diferente, e até, em certo limite, que erre, tratar de maneira acomodante a diversidade não sistematizável dos pareceres, dos convencimentos e dos costumes, não substituir a persuasão pelo constrangimento – eis as exigências da tolerância, "a honradez" dela no ambiente, fatalmente impuro, da vida pública cotidiana. A tolerância não tem sentido e valores no paraíso. É uma virtude transitória, uma manobra de passagem, adaptada à promiscuidade sub-lunar... É uma maneira de salvar a cara da humanidade, em condições de subsistência plena de armadilhas, tentações e provocações. O ideal seria um mundo em que a tolerância não é mais necessária, em que o mal é domesticado, o poder é distribuído homogeneamente, as diferenças, harmonizadas. Até o instante de uma tal façanha improvável estamos, por assim dizer, "condenados" à tolerância. E temos de cultivá-la lúcida e ponderadamente, sem idolatria, atentos à patologia latente de seu funcionamento. Porque a tolerância pode ter profundezas turvas, motivações suspeitas, efeitos deformadores. Paremos para observar algumas coisas.

Existem formas de tolerância que, a despeito da embalagem apresentável, contêm uma semente venenosa. É, por exemplo, o caso da tolerância nascida do orgulho. Da perspectiva mergulhante de uma opinião muito boa acerca de si mesmo, a tolerância é uma forma de condescendência, de marginalização arrogante do objeto tolerado. Coloco-me tão acima que não desço até levar em conta a diferença. Recuso como uma humilhação a confrontação com o que me contradiz ou me indispõe. A intolerância está abaixo de minha dignidade. Em certas circunstâncias, a arrogância escolhe comportar-se tolerantemente numa espécie de habilidade estratégica: tolero para apaziguar, absorvo o que se opõe a mim, integrando a resistência ao sistema até na imagem prepotente do sistema. Em sua contribuição para uma antologia lançada em 1966 (*Kritik der Reinen Toleranz* [Crítica da Tolerância Pura]),⁴ Herbert Marcuse chamava tal espécie de tolerância – definida como um "*Integrationsmechanismus*" – "*eine repressive Toleranz*".⁵ Todavia, não é apenas a tolerância "de cima" que pode ser culpável, mas também a tolerância "de baixo", a que exprime seja a humildade servil (tolerância como "*piedade*"), seja a falta de personalidade seja a fragilidade dos convencimentos. Podes ser "tolerante" por oportunismo ou por indiferença. O ateu que se declara "tolerante" em matéria religiosa é um impostor: na realidade, a esfera do religioso lhe é indiferente, ou seja, a "tolerância" não lhe custa nada. Deve-se dizer que, em geral, as naturezas inconsistentes, frívolas, capazes de certa engenhosidade mental, parecem mais acomodantes e podem imitar com mais destreza a tolerância do que as naturezas geométricas consequentes. Os sofistas, procurando que as leis não abusassem da normatividade, são mais tolerantes do que Platão...

Não se pode contestar o fato de que o exercício negligente da tolerância, a supervalorização demagógica dela, implica o risco de certas evoluções anárquicas. Karl Popper, em seu livro acerca da "sociedade aberta",⁶ observa, com

---

[4] Herbert Marcuse, "Repressive Toleranz". In: Robert Paul Wolff et al. *Kritik der reinen Toleranz*. Frankfurt am Main, Suhrkamp Verlag, 1967. (N. E.)
[5] Mecanismo de integração; uma tolerância repressiva (alemão). (N. E. Romeno)
[6] Karl Popper, *A Sociedade Aberta e Seus Inimigos*. Trad. Milton Amado. Belo Horizonte, Itatiaia, 1974. (N. E.)

razão, que "a tolerância ilimitada leva à desaparição da tolerância". Temos de conservar, em outras palavras, "o direito de não tolerar o intolerante" (*the right not to tolerate the intolerant*).[7] A formulação de Popper é, todavia, muito prudente. Fala do homem *intolerante*, mas não parece preocupar-se com a categoria do *intolerável*. Ora, a tolerância é arriscada exatamente quando minimiza, tergiversa, ou pura e simplesmente suspende a problemática do intolerável. Que podemos dizer acerca desta problemática? Mais exatamente, existem limites *objetivos* da tolerância? Nas ciências aplicadas, as coisas são simples e de uma força instrutiva evidente: seguem a noção de "campo de tolerância", para assinalar as fronteiras entre as quais são permitidos alguns desvios, sem que um grupo dado tenha de sofrer. "O campo de tolerância" é invocado, por exemplo, quando tem de ser avaliada a precisão da execução de uma peça. O calibre de um cano ou o peso de uma moeda podem "tolerar" certa aproximação de dimensões, mas existe um limite a partir do qual temos de fazer um refugo. Do mesmo modo, o organismo humano pode suportar, até um limite, o sofrimento físico, ou a ingurgitação de substâncias nocivas. Depois desse limite, o equilíbrio fisiológico desaba e o organismo entra em colapso. Em consequência, nenhum sistema, seja ele mecânico ou biológico, pode sobreviver em condições em que o "campo de tolerância" é supersolicitado. Nenhum

---

[7] Ibidem, p. 289. (N. E.)

conjunto pode tolerar os princípios ou o estado de coisas que lhe mina a razão de ser. Exemplo: uma constituição racional não pode incluir um artigo que garanta o direito de cada cidadão de conculcá-la. Outra ilustração do intolerável é o *erro*. Não pode ter curso no direito a inclinação tolerante de manifestar "compreensão" para com alguém que defende inflexivelmente que dois mais dois são cinco. Do mesmo modo, a tolerância não é bem-sucedida na esfera *do direito*. Não se pode defender, em nome da tolerância, a não sanção da culpa devida. A graça, a anistia ou o perdão valorizam outros princípios e abrem um leque semântico distinto daquele do comportamento tolerante. Nem o território pedagógico se intersecciona feliz com a prática da tolerância. É evidente, não se coloca o problema de alguns métodos brutais, de um didatismo estreito, falto de compreensão e paciência. Mas a teoria da *identificação* com aquele que queres educar, o reflexo de encontrares, para todas as insuficiências dele, um diagnóstico justificativo inibe totalmente o impulso modelador. Não podes educar uma criança a quem "entendes perfeitamente", colocando-te frequentemente, programático, "no lugar dela". O "lugar" do pedagogo tem de permanecer distinto do lugar do aprendiz, mesmo se ele tem algo que aprender ao tempo que exerce o ofício pedagógico.

À medida que o tema da tolerância se tornou mais "politicamente correto", mais *fashionable* no fundamento do relativismo pós-moderno, os contornos dela começaram a apagar-se. Já nos anos de 1980, começou a invocar-se, cada vez mais frequentemente, o "paradoxo da tolerância", nascido, de um lado, da pergunta: "como deve reagir o espírito de tolerância diante da intolerância?" e, de outro lado, pela dificuldade de sustentar, com argumentos rigorosos, que *é bom tolerares o que não é bom*. Até onde vai, portanto, a obrigação da pessoa tolerante de comportar--se permissivamente com o indivíduo intolerante e com o intolerável e como se pode fundamentar racionalmente a aceitabilidade do inaceitável? Será que o fato de te declarares tolerante é, como diz Goethe, ofensivo diante da coisa tolerada? Será que a "tolerância" deve evoluir até à aprovação encorajadora, à apreciação e ao respeito? Será que a exceção tem de parar de continuar a ser vista como transgressão de uma norma, para funcionar como *transgressão normativa*? Partindo de tal pergunta, o que tinha estatuto de realidade *tolerada* entra, a pouco e pouco, em expansão, candidata-se à legitimidade, questionando a legitimidade da instância *tolerante*. Em outras palavras, a exceção torna-se tolerante com a regra, mas a regra adota um complexo de culpabilidade, ou seja, de inferioridade, diante da exceção. A exceção torna-se militante autossuficiente e, no limite, discriminatória e intolerante!

Toda essa confusão é o resultado do modo por que definimos "diferença" e da modalidade como entendemos de nos reportar a ela. Estabeleci que não existe tolerância senão onde existe diferença. A diferença quer ser aceita, ter direito à identidade, ter um estatuto de validade, assim como é normal num mundo plural e preparado para "dar à diferença o que é da diferença". A questão é, porém, mais delicada do que parece à primeira vista, pois, de um lado, a diferença quer ser consagrada *como diferença*, mas, de outro, aspira a uma condição de generalidade, de modo que se integre "aos demais", ao lado de todas as outras "diferenças". O "tolerado" como sendo *diferente,* como é o expoente de uma categoria particular, e, eventualmente, não habituada (*"peculiar"*); não lhe agrada, no entanto, ser tratado *diferentemente* dos outros (mesmo se é um *"diferente"* positivo, um acréscimo de boa vontade). O discurso dele tem dois tempos, de certo modo contraditórios: **A.** Respeitai-me assim como sou, por mais diferente que seja de vós! Deixai-me ser diferente! e **B.** De fato, sou igual a vós e não quero um estatuto de exceção tolerada. A diferença que nos afasta é secundária diante da humanidade que nos une. Não me obrigueis a notar muitas vezes ao redor que sou diferente! Por conseguinte: **A.** Assumi vós a diferença! e **B.** Comportai-vos como se não existisse diferença!

É necessário muito favor social, muita fineza psicológica e, diria, muita sutileza metafísica, para unir as duas exigências (A e B) numa atitude comportamental única e coerente. Se pões a ênfase na diferença, és suspeito de um espírito de discriminação latente. Se pões a ênfase na equivalência, és suspeito de minimizar a diferença. O que quer que faças, és apanhado num círculo vicioso, que tende a desagradar a todos. Vês-te constrangido a precauções que podem, ainda assim, tornar-se gafes. É, para darmos um exemplo, uma das armadilhas correntes do "sexismo", assim como o experimentei em algumas universidades dos Estados Unidos: se, ao entrar num prédio, dás a preferência, à porta, a uma mulher, és tachado de "*macho*"; se não o fazes, és mal-educado. Outro exemplo seria a evolução de uma comunidade desfavorecida para a situação de comunidade favorecida. Em anos passados, enviaram-se muitas ajudas à Roménia, para crianças deficientes. Era muito difícil explicares às crianças sadias, mas igualmente pobres, dos orfanatos vizinhos, por que os presentes maravilhosos vindos do exterior escapavam delas, principalmente porque, em sua inocência, elas não dramatizavam a diferença entre elas e as outras. Um episódio engraçado vivi, há muitos anos, em Londres, no Hyde Park. Um homem imponente de cor fazia, no Speaker's Corner, um discurso notavelmente concebido como ironia racista contra os brancos majoritários. O discurso dizia mais ou menos assim: "Olho para vós e encho-me de pena. Tendes narinas estreitas pelas quais mal se pode respirar. Isso explica por que vos oxigenais insuficientemente e por que pensais tão crispada e mediocremente. Olhai! comparadas, em contraste, com minhas narinas: amplas, largas, vitais, prontas a absorver todos os aromas do mundo. Vossa pele é incrível: de dia é branca, ao sol fica obscenamente vermelha, de noite é azul. Eu sou preto, maciçamente preto, sem hesitação, indiferente ao ambiente". A comparação desenvolvia-se de maneira catastrófica, partindo dos dentes e chegando a zonas inconfessáveis, para assinalar a degenerescência dos brancos diante do gigantesco potencial biológico dos africanos. O público britânico reunido em torno do tribuno ousado perdeu rapidamente a calma característica. Alguns saíram deprimidos, esmagados pela prova dos argumentos, outros começaram a vociferar barbaramente, dando ocasião ao orador para uma última verificação, esmagadora: "Vede como reagis tão primitivamente! Perdestes também até o humor!". O expoente de uma comunidade perseguida por séculos teve, de maneira convincente e irônica, sua desforra. O tolerado de ontem olhava de cima, com uma compaixão hipócrita, a seu antigo persecutor. Este modelo de mudança de papéis é velhíssimo. O cristianismo pôde passar também, sem preconceitos, do martírio à inquisição. Nos anos de escola no tempo do comunismo, contavam-nos, em todas as aulas de história, como, pelo percurso dos processos injustos intentados pelo regime burguês-proprietário de terras contra os lutadores comunistas, estes se transformavam, corajosamente, de acusados em acusadores. Um percurso semelhante parece estar diante das tribulações contemporâneas da tolerância. Já não se sabe quem tolera quem, já não se sabe quem é vítima de quem. O tolerado de ontem transforma-se no tolerante de hoje ou no fundador de um novo tipo de intolerância. O receio de errar leva a formas complicadas de autocensura, a hipocrisias barrocas e pavor social sem precedente. A problemática da discriminação toma matizes não imaginados. Uma discussão apaixonante sobre este tema pode ser encontrada no livro de Thomas Nagel, intitulado *Mortal Questions*.[8] O autor verifica que, de receio de escorregar numa discriminação negativa culpável, existe uma tendência natural de praticar discriminação positiva. Entre candidatos de igual valor para certa posição, será preferido, de regra, o candidato ordinariamente desfavorecido, respectivamente o candidato de cor ou do sexo feminino. A pergunta que se põe é se esta decisão é justa ou não. Nagel crê que se trata de uma decisão antes justa, uma vez que se propõe a corrigir um sistema anterior de modo evidentemente injusto. Por outro lado, a discriminação positiva levada até suas últimas consequências põe em evidência o problema da relação justa entre igualdade e liberdade. A exigência de igualdade termina por colocar em crise a exigência da livre concorrência e da livre opção. E, então, quão longe pode ir a regra da discriminação positiva? A injustiça racial e a injustiça sexual são hoje, nos países civilizados, reduzidas, mantidas sob controle. Mas no horizonte podem aparecer a qualquer momento novos e novos dilemas. Pode ser que, entre dois candidatos, de igual valor, à mesma posição,

---

[8] Thomas Nagel, *Mortal Questions*. Cambridge, Cambridge University Press, 1979.

prefiramos, espontaneamente, o mais imponente, caso em que, para evitar tal discriminação negativa, teremos de optar, racionalmente, pelo menos imponente... Temos de ter cuidado para não preferir o mais magro ao gordo, o loiro ao moreno, o alto ao baixo. Mas que faremos se tivermos de escolher entre um candidato inteligente e um não inteligente? Ou entre um talentoso e outro não talentoso? Dir-se-ia que somos inclinados, de maneira pérfida, a preferirmos a inteligência e o talento; mas não temos é que ter o escrúpulo de perguntar-nos que culpa têm, no entanto, os burros e não talentosos para serem o que são? Não devemos preferi-los, para corrigir-lhes a falta nativa de oportunidade? Nagel admite que, avançando por essa linha, atingimos a margem da utopia moral. Provavelmente, nunca vamos conseguir a dosagem perfeita de coerção reguladora, de tal modo que ela não atinja a liberdade individual, o direito de optar segundo critérios pessoais, em concordância com um modo de trabalho e com um estilo de vida que – palavras de Habermas – não sejam "colonizados" por um juridicismo abstrato.

Para ilustrar, por último, as dificuldades em que esbarra a definição *operativa* da "diferença", necessidade respectiva, contraditória, de institucionalizar a diferença e de diminuí-la, ao mesmo tempo, vou referir-me, brevemente, ao problema controverso do casamento homoerótico. Temos aqui, neste caso, uma obscuridade de fundo da intenção, culminando numa crise autoinduzida de identidade. Normalmente, o homossexual deseja que "a diferença" que ele representa já não seja discriminada negativamente, isto é, seja assimilada como natural, exonerada de qualquer conotação de culpabilidade. O homossexual quer ser aceito como homossexual, assim como o heterossexual é aceito como heterossexual. Entre os dados *constitutivos* da condição de homossexual entra a particularidade do seu metabolismo erótico, sua disponibilidade característica e exclusiva para um parceiro do mesmo sexo. *Esta* é a diferença que tem de ser admitida como diferença e limpa de "preconceito de anormalidade". Ora, eis que simultaneamente, com o imperativo da diferença, aparece, em certos pares, a aspiração de assumir precisamente uma das instituições *que fazem diferença*. O casamento não é uma estrutura de coabitação geral humana. Existem períodos históricos e tradições em que ele não tem a relevância, o prestígio e o estatuto que lhe conferiu a modernidade europeia. Até mesmo em nosso mundo, fala-se da perspectiva de sua desvitalização, se não de seu desaparecimento. O fato de conviver maritalmente não é uma regra biológica da espécie, como são as necessidades vitais. De qualquer modo, se a instituição tem um sentido, então este está indissoluvelmente ligado ao asseguramento da descendência, com todos os seus componentes sociais, econômicos, jurídicos, etc. O casamento não nasceu como simples oficialização do amor, porque é evidente que não passa pela nossa cabeça casarmos com todos os que amamos. Não entra na discussão senão aquele tipo de relação que mantém a rede genealógica, de uma parte, e a rede comunitária, de outra. Isso significa, para os primeiros, casais *procriativos* e, pois, heterossexuais, mas para o segundo caso, famílias *do mesmo tipo* que, juntamente, constituem o tecido de uma sociedade homogênea. O casal que não pode reproduzir-se e a família que não pode integrar-se na estrutura majoritária da comunidade, conseguindo, apenas, na melhor das hipóteses, criar a sua própria rede minoritária (a rede das famílias de homossexuais) passa *ao largo* do sentido genético da união conjugal. Deixo de lado a situação paradoxal em que um movimento "de vanguarda" da moral sexual cobiça uma instituição tradicional, e até tradicionalista, da humanidade. Mas estou incomodado com meu esforço racional de adotar, tolerante, a diferença, pela tendência da diferença de *desconstruir-se como diferença*, tomando exatamente um dos costumes mais específicos da categoria de que deseja diferenciar-se. É como se um urso branco pretendesse confirmar seu direito de manter a cor numa comunidade de ursos escuros, e depois disso pretendesse ser pintado de escuro.

Estamos, categoricamente, num terreno incerto, perigoso, minado pelo preconceito, pela vulnerabilidade e pela suspeição. Qualquer radicalização pode produzir sofrimento, mas qualquer frivolidade permissiva pode produzir confusões e desordens graves. Não temos soluções. Não nos comportemos como se as tivéssemos... Tudo que podemos dizer é que os motivos para ser tolerante são mais numerosos e mais fundamentados do que os que defendessem a intolerância. Podemos ser tolerantes em nome da razão, estabelecendo que cada um tem direito à própria opinião e que o princípio desse direito é ele próprio a racionalidade pertencente à nossa especificidade, mas podemos ser tolerantes também em nome da precariedade da razão, estabelecendo que não temos acesso à verdade universal, portanto, à certeza última, e que, portanto, nossa pretensão de ter sempre razão não tem nenhum fundamento. Podemos crer, como os estoicos, que o homem está acima da verdade e que não é sábio, por consequência, para o limitarmos geometricamente com sentenças abstratas, ou podemos ser "relativistas", como John Milton,[9] observando que, no plano imanente, não existe nenhum mal químico puro, nem o bem químico puro, pois nos faltam critérios definitivos de distinção ("*In moral evil much good can be mixed...*").[10] Podemos dizer, com John Stuart Mill, que a tolerância é o derivado necessário da liberdade ou, com John Rawls, que é o correlativo lógico da igualdade. Uma fonte muito consistente de tolerância, insuficientemente levada em conta, é o *humor*. Assistires ao espetáculo do mundo sem exasperação, saberes alegrar-te com o fascínio multicolorido do

---

[9] John Milton, *Areopagitica: a Speech for the Liberty of Unlicensed Printing*, 1644. [Edição brasileira: *Areopagítica: Discurso Pela Liberdade de Imprensa ao Parlamento da Inglaterra*. Trad. Raul de Sá Barbosa. Rio de Janeiro, Topbooks, 1999. (N. E.)]
[10] "No mal moral pode-se misturar muito bem..." (inglês). (N. E. Romeno)

real, teres capacidade de distinguir as coisas (poucas em número) que devem ser levadas a sério, das que (muito numerosas) não devem ser levadas a sério, e, principalmente, não te levares muito a sério, com tuas opiniões pomposas, com as certezas feitas prontamente, com tuas exigências mais ou menos hipócritas – eis uma motivação muito fundamentada do espírito de tolerância. Ao lado do humor, um fundamento estimulador para a tolerância é a fé verdadeira, ou, para usar um termo mais amplo, *o sentimento da transcendência*. A intolerância é, ao contrário, *uma exageração da imanência*, uma espécie de miopia, que monumentaliza as diferenças existentes no desenvolvimento indefinido do horizontal, uma miopia incapaz de ascender, para ver as coisas, não da perspectiva do alarido cotidiano, mas da de uma atemporalidade calma, elevada. A tolerância antecipa ou imita a "indulgência" soberana de Deus (cf. Romanos 3, 26). O que, estando no céu, "faz nascer o seu sol sobre bons e maus: e cair chuva sobre justos e injustos" (Mateus 5, 45). A "indulgência" divina é chamada, no texto grego, *anoché*. O prefixo "aná" sugere a direção ascensional. A tolerância é a irradiação do que *se levanta acima* das diferenças. "*Anochê*" implica, igualmente, retenção, suspensão de juízo, inclinação ao armistício, descanso acordado ao outro, calma, paciência. Se penso bem, a terminologia escriturística da tolerância, porque se trata de *anoché*, de *hypomoné* (Cf. Lucas 8, 15; 1 Coríntios 13, 7) ou de *makrothymiai* (esta última, designando no Velho Testamento a faculdade de Deus de dominar a própria cólera diante dos pecados humanos), seja porque se trata de derivações latinas (*patientia, sustinentia, sufferentia*), tomadas nas obras dos Padres da Igreja, toda essa terminologia, portanto, não deixa muito espaço de renovação às especulações posteriores. A tolerância moderna é a conversão laica de uma virtude ascética: *a paciência*, a capacidade de não classificar apressadamente os homens não conformes e as situações inconfortáveis, a capacidade de suportar, compreensivo, a diferença, o obstáculo, a adversidade, a recusa de te instituíres na instância de juiz. Um monge cristão pouco conhecido, do Egito do século IV, padre Theodotos, resume todo o espectro da tolerância (pressupondo, em igual medida, a identificação da diferença desviante e sua aceitação) numa sentença lacônica: "O que diz 'Não prostituas!' disse também 'não julgues os outros!'". Como o próprio cristianismo, com tal herança, pôde tornar-se intolerante e como o Islamismo, cujo tesouro de textos acerca da tolerância é ainda mais amplo do que o cristão, pôde tornar-se fanático e não misericordioso, esta é outra história. Contá-la agora significaria forçar o limite da vossa tolerância e paciência.

Conferência dada na Basileia, na série Jacob Burckhardt-Gespräche auf Castelen, 21 de novembro de 2003.

4
As ideologias: entre o ridículo e a subversão

A conferência que se segue não se conforma inteiramente com o título anunciado. É verdade que, de comum acordo com Heinz-Rudi Spiegel, pensara, muitos meses antes, em falar do que Peter Berger, um professor americano de origem vienense, chamava, em uma de suas obras, "*die grimmige Humorlosigkeit der revolutionären Ideologien*".[1] Tencionava explicar os sofrimentos e a monomania de todas as revoluções históricas pela falta de humor de seus teóricos. A falta de humor é – sabe-se – uma das fontes mais abundantes de humor que existem. Quem se leva muito a sério e vê o mundo com uma indisposição inflexível, quem, em suma, é incapaz de rir na hora certa passa a ser facilmente risível. Mas quem se sente ridículo passa a ser frequentemente vingativo.

[1] A falta de humor irada das ideologias revolucionárias (alemão). (N. E. Romeno) [Peter L. Berger, *Auf den Spuren der Engel*. Fischer, 1972; Edição americana: Peter L. Berger, *A Rumor of Angels: Modern Society and the Rediscovery of the Supernatural*. Nova York, Anchor Books, 1970, p. 96. (N. E.)]

Tenho motivos pessoais para ver sem muito humor tudo o que se baseia na prática e na dogmática revolucionária. Cresci numa época e num país em que o adjetivo "revolucionário" era um tipo de superlativo da boa conduta. Falava-se de ideias revolucionárias, de solidariedade revolucionária, de intransigência revolucionária. A amizade e o amor legitimavam-se, não uma vez, pelo passado comum de "luta revolucionária", a qualidade humana suprema era o "arrojo" revolucionário, a personagem negativa por excelência era o "contrarrevolucionário". A história começava com a "Grande Revolução Socialista de Outubro de 1917" e seguia para terminar com uma outra grande vitória, dessa vez mundial: a derrubada do capitalismo. Estávamos preparados, em outras palavras, para uma carreira eufórica de "coveiros": tínhamos de ser "coveiros" da ordem capitalista-imperialista, assim como o grande povo soviético fora o coveiro da feudalidade tzarista. Ser revolucionário significava não deixar nada em seu lugar, entreter um estado de agitação perpétua (o herói político mais bem visto se chamava, a propósito, "agitador"), uma espécie de febre pueril que, em termos de estratégia de partido, se chamava "necessidade do novo". O revolucionário em gênero é um fanático da novidade. Ele quer novos ideais, novas cidades, um novo tipo de família, um novo tipo de educação, uma nova cultura e, sobretudo, um "novo homem", uma espécie de mutante padronizado, que "voa", com uma alegria inexplicável, para um futuro "luminoso" (embora desconhecido).

Um dos lemas da revolução cultural chinesa dizia assim: "Terminemos com as quatro coisas velhas: o velho pensamento, a velha cultura, as velhas tradições, os velhos costumes!". Ninguém resiste, por muito tempo, a esse assalto histórico, sendo certo que a revolução recai, de regra, numa variante degradada de hábitos dos quais pretende ter-se desprendido. Dito de outro modo, termina na *restauração*. Essa circularidade, evidentemente, seria por si mesma ridícula, se não provocasse um enorme sofrimento humano. E se não se retomasse, repetitiva, em intervalos, valorizando a necessidade de não conformismo e o apetite de carnaval de cada geração.

Mais ou menos desse modo decidi-me a desenvolver e ilustrar o tema tragicômico das revoluções, quando me dei conta de que elas não são senão um caso particular de uma patologia mais ampla e mais complicada: *a patologia das ideologias*. Sobrevêm as revoluções, no cenário mundial, apenas de vez em quando, ao passo que as ideologias pululam no ar a todo tempo. Elas podem provocar – e provocam quase sempre – as revoluções, mas da Revolução Francesa em diante impregnam *constantemente* a atmosfera da vida pública, com um verdadeiro plâncton doutrinário. Absorvemo-las assim como respiramos e servimos a elas sem nos darmos conta. *Também elas* são faltas de humor, *também elas* são ridículas. Mas a toxina delas é letal, principalmente porque, em aparência, não engajam senão a superfície da nossa consciência. As revoluções são brutais, as ideologias são subversivas.

Não quero estragar-vos a noite com uma exposição pedante. Não vou fazer, portanto, um curso sobre ideologias em geral. Temos, no entanto, de saber do que falamos, assim como considero necessário, primeiro, dar ao termo uma definição. De tudo o que se escreveu até hoje acerca da matéria, de Destutt de Tracy – a quem se atribui a "invenção" da palavra "ideologia", no começo do século XIX – até Karl Mannheim, Gramsci, Althusser ou Habermas, podemos extrair uma suma de características que podem esclarecer-nos por que, algumas vezes, esbarramos com opiniões contraditórias. Para uns, as ideologias são um fenômeno positivo e legítimo; para outros, uma derrapagem perigosa. Para uns, *tudo*, na vida pública das ideias, é ideologia; para outros, as ideologias são um derivado episódico. O resumo que vos proponho, a definição "de trabalho", soaria assim: as ideologias são construções rápidas de ideias, surgidas de um interesse privado ou de grupo e tendo como escopo a modificação da mentalidade pública, das instituições da vida social. Algumas explicações: falamos de construções "rápidas": as ideologias não se preocupam com elaborações amplas, não se detêm em detalhes e não têm tempo de análise bem fundada. Não querem produzir *sistemas* explicativos, mas *esquemas* incisivos, mobilizadores.

O ponto de partida delas não é a realidade propriamente dita, mas um interesse de classe ou de categoria social. Em consequência, o ideólogo não quer entender o mundo. Quer modificá-lo, de um modo que coincida com os seus princípios e escopos: é, portanto, uma natureza mais utópica eególatra. Ele se crê chamado a decidir acerca do modo ótimo de organização do mundo e crê que o *seu* modo de entender a felicidade aplica-se a toda a humanidade. Pensar conjuntural e subversivamente, dominar mentalmente a esfera pública, trapacear o real para fazê-lo compatível com um conceito – estas são as inclinações espontâneas dos ideólogos. Mas entenderemos melhor o metabolismo delas se ultrapassarmos o momento estritamente teorético da definição, para descrever os efeitos concretos de uma vida vivida sob o impacto ideológico. Pois, para distinguir-se da metafísica de cátedra, a ideologia é invasora, insinuante, epidêmica. Penetra na esfera da vida cotidiana e na nossa intimidade. Deste ponto de vista, estou, diante de vós, numa triste vantagem: vivi até quinze anos atrás num mundo ideologizado, ou seja, ao longo de todo o meu período de formação e de maturidade. Vós saístes de uma ditadura drástica, a nazista, há sessenta anos. Minha experiência é muito mais fresca e merece, creio, ser compartilhada. De outra parte, como vereis, nem vós estais totalmente protegidos. Nem imaginais quantas ideologias disputam o vosso cérebro e modo de vida. Meu escopo é divertir-vos, evocando o ridículo das ideologias "vitoriosas", mas também indispor-vos, assinalando, discretamente, a subversão que vos espreita.

No tempo de que disponho, não posso deter-me senão em algumas das características da ideologia. De fato, vou restringir-me a duas: I. *O aspecto invasivo de qualquer ideologia*, sua tendência respectiva de cobrir *todos* os compartimentos da vida e sobretudo aqueles que, normalmente, são reservados à liberdade individual. II. *O círculo vicioso das ideologias*, a capacidade respectiva de multiplicar-se indefinidamente, estimulando-se reciprocamente.

I. O aspecto invasivo de qualquer ideologia

Uma vez instalada na posição oficial, qualquer ideologia se torna ubíqua. Torna homogêneos, arbitrariamente, todos os registros da existência pública e privada, de maneira que não existe, contra ela, nenhum refúgio. No fundo, a diferença entre o público e o privado é cada vez menos significativa. As realidades *específicas* são obrigadas a alinhar-se com algumas realidades *genéricas*. Em qualquer lugar e em qualquer situação, estás acompanhado por um código ideológico imposto. Não podes nunca fazer o que queres, nunca estás sozinho. Depois de George Orwell, já não há muito que acrescentar para descrever tal anomalia. Podemos apresentar, no entanto, algumas novas ilustrações. Por exemplo, mesmo os domínios que por si mesmos não se prestam à manipulação ideológica começam a conformar-se. Ao mais frio e chato cálculo aritmético pode-se levar, com algum esforço, no perímetro de um programa "educativo", a arregimentação política. Eis como soa, por exemplo, um problema do manual de matemática. Extraio-o de um texto satírico pertencente a alguns corajosos escritores russos do período stalinista (Ilf e Petrov), mas podemos extraí-lo também dos manuais de curso primário em que eu mesmo aprendi:

> Temos três estações: Vorobiovo, Graciovo e Drozdovo, com um número igual de funcionários cada uma. Na estação Drozdovo há seis vezes menos comsomolistas[2] do que nas outras duas juntas; mas na estação Vorobiovo, com vinte membros de partido a mais do que na estação Graciovo, onde o número daqueles sem partido é seis vezes maior do que nas duas primeiras. Quantos funcionários temos em cada estação e qual é, entre todos, o número dos membros de partido e de comsomolistas?

Os números, num caso como este, passam a ser o pretexto para uma sugestão ideológica. Não se enumeram

---

[2] Do russo, *Komsomol*, membro da organização revolucionária da juventude soviética. (N. T.)

homens, mas arregimentações de partido. É claro que a estação Graciovo é proibitivamente "apolítica", ao passo que Vorobiovo é o topo. O ideal, ainda não atingido, é que em cada estação não existam senão comunistas, e assim a aritmética se torna fútil.

Nem o território tão delicado e tão íntimo do amor é protegido de um nimbo ideológico indiscreto. A literatura realista-socialista transforma, sem hesitação, o diálogo amoroso num comentário à margem do plano quinquenal. Para seduzir a noiva, um jovem propõe-lhe casarem-se numa usina nova da Sibéria longínqua. O número de filhos de uma família é estabelecido por decreto governamental. Prescrevem-se também os detalhes de penteado e vestimenta. Barba e cabelo longo indispõem, assim como *blue jeans* ou *rock and roll*. O erotismo também tem de ser revisto, com base em novas concepções científicas acerca do mundo e da vida. Tem de ser abandonada a ornamentação pequeno-burguesa da sexualidade. Na realidade, não se trata senão de uma necessidade fisiológica banal, que deve ser resolvida prontamente, assim como resolves todas as outras necessidade fisiológicas. Uma amiga de Lênin, Alexandra Kolontai, elaborou, a esse respeito, "a teoria do copo d'água": o ato carnal não é diferente, em sua essência, do esvaziar de um copo d'água quando tens sede. As complicações sentimentais não fazem senão roubar o tempo à produção e amolecer a vigilância ideológica.

Logo depois de 1917, apareceram projetos de cabines especialmente dispostas, que seriam instaladas nas ruas de Moscou para a satisfação "no caminho" da necessidade de acasalar-se. Até Lênin sentiu necessidade de colocar-se à distância de tal solução – radicalíssima. "Mesmo se tens sede" – teria ele dito – "não te pões a beber de um pântano duvidoso". Em consequência, não era o procedimento em si que o incomodava, mas a rapidez da seleção, com os riscos adjacentes...

O tipo de moradia proposto aos cidadãos soviéticos, assim como o programa de cada dia, deviam, igualmente, exprimir uma correção ideológica incorruptível. Os princípios condutores são a eficiência e a organização. O tempo privado é reduzido ao mínimo, o *loisir*[3] é coletivo e dirigido. Os arquitetos elaboram projetos de casas comuns, com celas individuais entre 6 e 9 m². As crianças dormem separadas em grupos de idade, e os adultos, seis a seis, separados por sexo. Alternativamente, existem programas para casais, mas a família no sentido tradicional é suspensa. As horas livres não podem ser passadas senão no clube, incluindo programas cultural-educativos e ginástica. De manhã e de noite dispõe-se de cerca de dez minutos para uma ducha, esclarecendo-se que se trata de uma ocupação facultativa. Naturalmente, este gráfico dracônico de vida

[3] Lazer. (N. T.)

nunca pôde ser aplicado na íntegra. Mas ele trata de uma utopia histérica a que visa qualquer ideologia e de sua tendência espontânea de "colonizar" a existência humana em sua inteireza. Viver sob um imperativo ideológico equivale a viver incessantemente com todas as luzes acesas, sem nem um instante de solidão, sem nenhuma dúvida, sem nenhum mistério. És o objeto desarmado de uma invasão. A pouco e pouco, chegas a crer que é nula a chance de te subtraíres para reencontrar a normalidade. E que, de fato, "a normalidade" não é em si mesma senão uma construção ideológica. Não nos esqueçamos de lembrar, ainda que de passagem, que os métodos bolcheviques exerceram uma atração significativa sobre o nacional-socialismo alemão. Eis o que diz Hitler a Hermann Rauschning: "O que me interessou nos marxistas e o que aprendi deles são os seus métodos (...). Todo o nacional-socialismo está contido neles (...). As sociedades trabalhadoras de ginástica, as células de empresas, os cortejos maciços, as brochuras de propaganda escritas especialmente para serem entendidas pelas massas, todos esses novos meios de luta política foram quase integralmente inventados pelos marxistas. Eu não tive senão de apropriar-me deles e de desenvolvê-los, arranjando para mim desse modo o instrumento de que tinha necessidade".[4]

---

[4] Hermann Rauschning, *The Voice of Destruction*. Gretna, Pelican Publishing Company, 2003, p. 186. (N. E.)

II. O círculo vicioso das ideologias

As ideologias não estão preocupadas em encontrar e expressar a verdade por seu valor de verdade. O que lhes interessa é confeccionar uma verdade *utilizável*. Em outras palavras, "a verdade" não é, para o ideólogo, senão um instrumento manipulador, um dispositivo apto a servir, funcionalmente, um interesse político determinado e um projeto de ação. Para fundamentar uma ideologia, uma ideia deve ser esquemática (e, portanto, acessível a muitos, sem esforço) e facilmente conversível em estratégia de rua. Apenas as ideologias são resumíveis num "curso breve". De fato, elas não são *senão* o que se diz do curso breve. Os ativistas não têm nunca necessidade do programa. Principalmente porque sonham com o "aplicável", as ideologias são mais perigosas do que a metafísica propriamente dita. Segundo a célebre formulação de Marx, elas não se propõem a "interpretar" o mundo, mas a "transformá-lo". A interpretação pode estar errada, sem mudar as coisas de lugar. A transformação, porém, não termina em *erros*, mas em *crimes*. Ela se torna uma *tecnologia de deslocamento*, de nomadismo, de uma radicalidade arbitrária.

Ainda faz sentido falarmos, hoje, da tentação das ideologias? Raymond Aron perguntava-se, já em 1955,[5] se

---

[5] Raymond Aron, *L'Opium des Intellectuels*. Paris, Calmann-Lévy, 1955. Edição brasileira: *O Ópio dos Intelectuais*. Trad. Yvonne Jean. Brasília, Editora da UNB, 1980. (N. E.)

de algum modo não estão os contemporâneos no fim delas (ao menos na grande cena do mundo civilizado), mas Daniel Bell escreveu, sobre esse tema, um livro inteiro:[6] a luta política já não tem necessidade do motor das ideologias. Da correção das ações, elas se tornaram "um beco". Se pensarmos estritamente nas ideologias "fortes" que marcaram o século passado (o nazismo e o comunismo), esses dois autores parecem ter razão. De um lado, assistimos à proliferação cotidiana de uma multidão de ideologias *soft*, menos sanguinárias, mas de uma eficácia insidiosa. Chegamos com isso às coisas com que vos queria indispor... Existe uma ideologia feminista, uma ecologista, uma gayzista, uma multiculturalista, uma globalista. O pós-modernismo tampouco está protegido de tal componente ideológico, mas "a integração europeia" escorrega, pouco a pouco (lamentavelmente), para o pragmatismo triunfal e simplificador de um discurso ideológico. As ideologias têm a tendência natural de multiplicar-se, e isso porque o desencadeamento delas provoca – por reação – excessos do mesmo tipo. As ideologias fazem nascer contraideologias. Não são combatidas, de regra, pela demolição do seu artifício de princípio, mas por novas ideologias, apressadas em impor construções de sentido oposto, igualmente artificiais. Estamos, pois, diante de um *círculo vicioso* pérfido,

---

[6] Daniel Bell, *The End of Ideology: On the Exhaustion of Political Ideas in the Fifties*. 2. ed. Harvard, Harvard University Press, 2000. (N. E.)

de tal modo que nos transforme, a todos, em insensíveis, em bucha de canhão de um torneio ideológico sem fim, com efeito de diversão.

Tomemos alguns exemplos. O cavalo de batalha do nazismo foi, desde o início, a ameaça bolchevique. O mapa mundial tinha de ser protegido do espectro sinistro da ideologia comunista, contra a qual qualquer derrapagem passava corretamente por escusável. Uma ideologia criminosa justificava-se, portanto, no combate a outra ideologia, qualificada corretamente de mais criminosa ainda. Então, a ideologia comunista construiu para si um retrato plausível, invocando a necessidade urgente da luta antifascista. As ditaduras de esquerda transformaram-se, portanto, na opção inevitável ("o mal menor") dos aterrorizados pelas ditaduras de direita. O abuso comunista estimulou, a seu turno, agudas simpatias por um giro à direita. O mesmo mecanismo se verifica em toda a parte. Uma arrogância multissecular *macho*, tornada ideologia corrente (com toda sua pompa de suficiência, insensibilidade e iniquidade), terminou por provocar a frente de defesa (e, depois, de ataque) da ideologia feminista, para a qual a masculinidade não é senão um atavismo teriomórfico, uma espécie de dragão imbecil e violador, condenado ou à obediência ou à desaparição. Logo depois, o espírito agitador, mobilizador, do feminismo leva à recoagulação de um "neo-machismo" excessivo e sarcástico, bom precisamente para histerizar a sensibilidade feminista, que se sente confirmada, prontamente, nas suas pressuposições. E assim por diante. A maioria heterossexual, legitimada por uma ideologia inflexível da "normalidade", apena brutalmente a diferença incorporada pela minoria homossexual, intervindo, autoritária, na sua esfera íntima: "os heréticos" não recebem pura e simplesmente sermões, sendo assumidos e ajudados cristãmente, mas são condenados à exterminação jurídica e social. Em réplica, os grupos *gays* compõem um andaime ideológico provocador, destinado a sufocar moralmente a maioria. De acusados transformam-se, segundo o princípio clássico, em acusadores. A defensiva homo se torna assalto, revolução, vanguarda. O indivíduo militante combate o geral, a exceção frágil exige estatuto de regra totalitária. A reação heterossexual não tarda a defender-se: à medida que ideologia *gay* é mais eufórica, o conformismo hetero é mais sombrio.

Uma rápida reflexão sobre todos os modelos ideológicos contemporâneos (por exemplo, sobre as escaladas de tensão entre "europeísmo" e "euroceticismo") vai conduzir a conclusões semelhantes: o pêndulo ideológico se mexe de acordo com o gráfico, as confrontações do século supõem as mesmas simetrias mecânicas. Pareceria que não podemos evadir-nos da cadência empobrecedora do "ou-ou", que vamos consumir-nos nas adversidades grosseiras e previsíveis, ao mesmo tempo que as perguntas verdadeiras do mundo se asfixiam, não frequentadas, na periferia de nossa atenção.

A "legião" das ideologias, sua multidão incontrolável, ilustra, no entanto, uma psicologia relativamente simples. Podem ser reduzidas não apenas ao interesse transparente de grupo, mas também à lógica quase mecânica de alguns complexos, respectivamente de inferioridade e de superioridade. O nazismo é uma ideologia nascida de um complexo delirante de superioridade de raça. O comunismo, ao contrário, parte de um complexo de inferioridade de classe. É um esquema muito conveniente e eficiente para esclarecer o esquematismo ideológico. A ideologia "macho", com sua arrogância dominadora, é antes – e mantidas as proporções – de tipo nazista. O feminismo, minado pelo desgosto ressentido, é assimilável antes, novamente mantidas as proporções, ao comunismo. A psicologia hétero tem, em sua versão agressiva, algo da suficiência impiedosa do nazismo. A psicologia homo, com sua combatividade "revolucionária", tem algo do espírito utópico e sequaz da propaganda comunista. A mesma ideologia pode ser de um tipo ou de outro, em função daquele que a pratica. O euroceticismo dos países desenvolvidos deriva do seu complexo de superioridade diante dos novos membros, ao passo que o euroceticismo dos países candidatos exprime um complexo de inferioridade diante dos países membros. Em geral, as ideologias de direita são marcadas pela suficiência desprezadora, ao passo que as ideologias de esquerda estão sob o signo do ressentimento reivindicativo. Seria o momento de arriscarmos um passo *para fora* desta dança monótona, um exercício de liberdade, para além da cadência deste pêndulo. Seria o momento de pensarmos por conta própria, sem a instrução de uma cor ou outra das ideologias.

Mas pode-se escapar das ideologias? E, se sim, como? Não tenho a pretensão de colocar-vos à disposição um receituário infalível, que garanta uma proteção total contra o perigo. Ficaria feliz se conseguisse ao menos chamar vossa atenção acerca da existência dele. Quanto ao mais, as soluções são antes de bom senso, e dependem do diagnóstico correto da doença.

Uma primeira forma de proteção contra a invasão ideológica é o pensamento autônomo, o pensamento por conta própria. Qualquer ideia vinda de fora, qualquer produto *pronto para usar*, qualquer *moda* lançada ciclicamente na cena pública tem de ser pesada com uma suspeição saudável. As ideologias são, de regra, pensamento massificado e, segundo a expressão célebre de Czeslaw Miław Miłosz, "mente cativa".[7] O sujeito deixa de ser o proprietário de seus próprios pensamentos, o

---

[7] Czeslaw Miłosz, *Mente Cativa*. Trad. Dante Nery. São Paulo, Novo Século, 2010. (N. E.)

que significa que seu pensamento deixa de ser um ato livre. "Pensa-se" para ele em outra parte, a instrução é substituída pela propaganda, o "reclame" é preferido à experiência direta.

Um segundo exercício de proteção é o esforço de pensar as coisas até o fim, para além da evidência de primeira instância, sem atalhos e correrias lógicas ou sentimentais. Portanto, não pura e simplesmente *Denken*, mas *Weiterdenken*.[8] As ideologias são o correspondente – no plano intelectual – ao hábito de comer rápido e de digerir apenas parcialmente o que comes: *fast-food* e *junk-food*. Elas parecem "científicas" e "funcionais", mas, na realidade, reduzem a vida orgânica do espírito a uma monotonia mecânica. As ideologias são pensamento burocratizado, assim como o *fast-food* é alimentação burocratizada. Em ambos os casos, o equilíbrio vital do conjunto é posto em perigo.

Talvez vos lembrais do começo espetaculoso de *O Manifesto do Partido Comunista*: "Um fantasma ronda a Europa: o fantasma do comunismo". É uma definição perfeita de ideologia em geral. A ideologia é pensamento *espectral*. Reduz a riqueza do real à inconsistência fantômica. Não se propaga por persuasão, mas "ronda", inquietante, epidêmica; oferece, no lugar de uma presença límpida e analisável, a sensação vaga de uma presença

---

[8] "Pensar", e "pensar até o fim" (alemão). (N. E. Romeno).

sem corpo, a *ilusão*, o simulacro de uma presença. As ideologias são, ao mesmo tempo, rudimentares e difíceis de fixar, difíceis de "agarrar" com os instrumentos correntes da razão. Para resistir a ela, tens de permanecer vivo, reativo, não arregimentável. E de manteres o humor. Nada é mais ridículo e mais impotente do que um espectro que provoca o riso.

Conferência no Landeskuratorium Bayern, Stifterverband für die Deutsche Wissenschaft, 28 de novembro de 2005.

Dados Internacionais de Catalogação na Publicação (CIP)
(Câmara Brasileira do Livro, SP, Brasil)

Plesu, Andrei
   Da alegria no Leste Europeu e na Europa Ocidental e outros ensaios / Andrei Plesu; tradução de Elpídio Mário Dantas Fonseca; cotejo com o texto romeno por Cristina Nicoleta Manescu. – São Paulo: É Realizações, 2013.

   Título original: Despre bucurie în Est si Vest si alte eseuri.
   ISBN 978-85-8033-138-7

   1. Elite (Ciências sociais) 2. Ensaios romenos 3. Europa - Vida intelectual - 1989- 4. Política 5. Tolerância I. Manescu, Cristina Nicoleta. II. Título.

13-05455   CDD-859

Índices para catálogo sistemático:
1. Ensaios : Literatura romena   859

Este livro foi impresso pela Mundial Gráfica para É Realizações, em julho de 2013. Os tipos usados são da família Garamond e Modern 20 e 735. O papel do miolo é pólen bold 90g, e o da capa, cartão supremo 250g.